昭和史の明暗

半藤一利
Hando Kazutoshi

PHP新書

昭和史の明暗

目次

I

揺るがなかった意思

昭和天皇と二・二六事件
――歴史に刻印される叛乱の真相

Ⅱ

昭和陸軍と阿南惟幾

――八月一五日に自決した陸軍大将の本心

名誉と覚悟と責任と

III

人事の悲劇

日本海軍と堀悌吉

――山本五十六の畏友、生かされなかった偉材

Ⅳ

在りし日の栄光の結末

連合艦隊と参謀・神重徳

——大和特攻をめぐる真実

V

国破れて「駆逐艦」あり

太平洋戦争と「雪風」

——最後まで闘い抜いた「消耗品」

本書は、著者が生前に書籍化を企図していた原稿を再構成・編集し、著作権継承者の承諾を得て、刊行するものです。

なお初出誌は、以下の通り。

Ⅰ章・Ⅲ章・Ⅳ章・Ⅴ章の順に、『プレジデント』一九八五年五月号、一九八六年八月号、一九八一年五月号、一九八二年五月号。

Ⅱ章は『プレジデント』一九八一年六月号（のちに『戦士の遺書』文春文庫：二〇二二年刊に収録）。


〈編集部〉

I

昭和天皇と二・二六事件
——歴史に刻印される叛乱の真相

揺るがなかった意思

昭和に入ってすぐ、未曾有の金融恐慌が日本の経済界を襲った。
続いて米国のウォール街大暴落から始まった世界恐慌もあり、
日本は底なしの不況にあえぐことになった。
国民の多くが貧困、そして腐敗・堕落に直面する中、
この危機を抜け出すには、
国家改造のほかにないと信じこんだのが、
「昭和維新」の名のもとに決起した隊付青年将校たちだった。
そして昭和一一年（一九三六）二月二六日早朝、
首相官邸襲撃のみならず、内大臣斎藤実《まこと》、大蔵大臣高橋是清《これきよ》、
教育総監渡辺錠太郎《じょうたろう》といった国家首脳が惨殺される。
昭和史に大きな影を落とすことになったこの事件と、
昭和天皇はいかに対峙したのか。

惨烈をきわめた暁の襲撃により幕を開けた「日本を震撼させた四日間」

昭和一一年二月二六日午前五時、決起部隊一四八三人はそれぞれの襲撃目標に殺到した。重機関銃、軽機関銃、小銃、拳銃、それに一〇万発を超す爆薬をもち、外套着用、背嚢《はいのう》と防毒面を携帯した完全武装である。

〈歩兵第一連隊〉

・岡田啓介首相官邸襲撃＝栗原部隊（栗原安秀中尉、対馬《つしま》勝雄中尉、林八郎、池田俊彦少尉ら）三〇〇名

・川島義之《よしゆき》陸相官邸占拠＝丹生《にう》部隊（丹生誠忠《よしただ》中尉、香田清貞《こうだきよさだ》大尉、竹嶌継夫《たけしまつぎお》中尉、山本又、磯部浅一《あさいち》、村中孝次ら）一五〇名

〈歩兵第三連隊〉

・鈴木貫太郎《かんたろう》侍従長官邸襲撃＝安藤部隊（安藤輝三《てるぞう》大尉ら）二〇〇名

・斎藤実内大臣私邸襲撃＝坂井部隊（坂井直《なおし》中尉、高橋太郎、麦屋清済《むぎやきよずみ》、安田優《ゆたか》各少尉ら）

一五〇名
・渡辺錠太郎教育総監私邸襲撃＝右隊の高橋、安田小隊三〇名
・警視庁占拠＝野中部隊（野中四郎大尉、常盤稔《ときわみのる》、清原康平《きよはらやすひら》、鈴木金次郎少尉ら）四〇〇名
〈近衛歩兵第三連隊〉
・高橋是清蔵相襲撃＝中橋部隊（中橋基明《もとあき》中尉、中島莞爾《かんじ》少尉ら）一一〇名
そして、所沢飛行学校の河野寿《こうのひさし》大尉以下が、湯河原の牧野伸顕《のぶあき》元内大臣を襲撃した。

殺された者――内大臣斎藤実、大蔵大臣高橋是清、教育総監渡辺錠太郎。首相岡田啓介と誤認されて義弟松尾伝蔵大佐も射殺された。ほかに警護の巡査五名が即死。そして侍従長鈴木貫太郎は四発の拳銃弾を受け、瀕死の重傷を負った。

いわゆる二・二六事件として知られる〝日本を震撼させた四日間〟は、惨烈をきわめた暁の襲撃で幕を開けた。襲撃部隊の合言葉は「尊皇斬奸《そんのうざんかん》」（のちに討奸と変わる）だった。

昭和に入ってすぐ経済界を襲った金融恐慌、続くウォール街の暴落から始まった世界恐慌、それらの影響をまともに受けて、日本は底なしの大不況に沈んでいた。にもかかわらず、財閥と政党は私利私欲の集団にすぎず、重臣も軍上層部も事なかれ主義の自己

警視庁を占拠した野中部隊
提供：毎日新聞社

保存にだけ明け暮れている。これを救うには、もはや国家改造のほかはない、と隊付青年将校たちは信じた。

そして彼らは、現人神《あらひとがみ》である天皇の神聖にひたすらな憧れをいだいた。その大御心《おおみこころ》を覆っている君側の奸（重臣、統制派軍閥、財閥、官僚など）を討伐することによって、国家が直面している貧困・腐敗・堕落などを消滅できる。この確信がいつか肥大化した固定観念となり、彼らを「昭和維新」の名のもとに、武器を取って立たしめたのである。

だが、彼らが神聖視した天皇は……。

「とうとうやったか。自分の不徳のいたすところだ」——そのつぶやきと目に光るものを認めた侍従

宮中に事件の第一報が入ったのは、午前五時半過ぎ、鈴木侍従長夫人たかからのものであった。「今、多数の軍人が襲撃し侍従長は拳銃で狙撃されて重態」という。

続いて斎藤内大臣邸からも悲報が。当直の甘露寺受長《かんろじおさなが》侍従はしばらくわが耳を疑った。多数の軍人、拳銃、狙撃と、きれぎれの言葉を口の中で繰り返しつつ事の重大性に気づ

いた。

軍隊が天皇側近を襲撃しているということではないか。ことによれば、宮城内にも乱入してこないでもない。

天皇はまだ床についている時刻だが、侍従は、一刻も早く奏上せねばならないと、寝室に伺った。差し支えない、緊急の用務ならここで聞く、との天皇の返事を得て、侍従は二本の電話の一部始終を報告した。

天皇は静かに聞いていたが、

「とうとうやったか。自分の不徳のいたすところだ」

とつぶやいて、しばし無言で立っていた。その目に光るものがあったことを、甘露寺侍従は認めている。やがて気をとり直したように天皇は尋ねた。

「そして暴徒は、その後どの方面に向かったかわからないか、まだほかにも襲撃された者はないか」

侍従はハッとした。〝暴徒〟と確かに天皇は言った。正規の日本軍隊ではない。甘露寺の頭には、この〝暴徒〟という言葉が強く刻み込まれたという。

「只今のところはこれ以上の情報はありませんが、相当数の軍人の襲撃の模様でございますので、あるいはほかにも被害者があるやもしれませぬ。引き続き各方面に連絡問い合わせて、判明次第奏上いたします」

「そうしてくれ。私はすぐ支度して、表の方へ出るから」

天皇は毅然としてそう言った。

この第一報に接したときの、伝えられる天皇の言葉や態度は意味深長である。事実とすれば、二六日早暁から二九日午後の鎮圧まで、天皇の事件に対する考え方や姿勢は、このときの〝言葉〟で見事に貫き通されているからである。微動だにしなかった。

「とうとうやったか」という言葉の裏には、秩父宮の存在が天皇の念頭にあったという説がある。青年将校らが信望の厚い秩父宮を擁し、とうとう立ち上がったのか、という危惧がこの言葉の奥に潜んでいるという。日本史には、骨肉、なかでも兄弟が皇位を争って内乱を誘発した例は少なくない。しかも、秩父宮が青年将校と繁く交流し、国家改造に心情的に共感していた一面はよく知られている。

いや、そこまで忖度《そんたく》しなくともよい。昭和五年のロンドン海軍軍縮条約をめぐっての統帥権干犯問題、そして翌六年の満洲事変以来、武力進出とともに、国内的にさまざまなテロやクーデター計画が策されてきたが、いつのときも暗殺目標の筆頭に天皇の側近

（侍従長、内大臣、元老ら）が挙げられていた。そのようなことがないようにと、陸軍首脳などにあれほど注意しておいたのに、という天皇の痛恨の情とみることもできるのだ。「自分の不徳のいたすところ」には、やり場のない天皇の絶望感が窺われる。

それは現人神としての天皇の、思いもかけぬ人間的な怒りの表白でもあった。最も信頼する斎藤・鈴木が揃って血の海の中にたおされた、ということは、とりも直さず、天皇その人への叛乱行為にひとしいではないか。その怒りが、かえって事件の本質を天皇に直感させたのかもしれない。

〝暴徒〟と、咄嗟に口に出た意味もそこにある。少なくとも決起部隊の青年将校たちが憧れた神としての天皇ではなく、人間的に激怒する天皇があり、その人は青年将校たちに敵する側に既に立っていたのである。

「今回のことは、精神の如何を問わず不本意である。速やかに事件を鎮定するように」

侍従武官長本庄繁《ほんじょうしげる》大将が、事件勃発の知らせを受け、急ぎ宮中に出勤して来たのは午前六時過ぎであった。ただちに天皇に拝謁した。天皇は既に大元帥の軍装に身を固めている。そして、天皇は本庄武官長に言った。（以下『本庄日記』や『木戸日記』などで天皇の言葉を数多く引用するが、すべて読みやすく書くことにする）

「早く事件を終熄せしめ、禍を転じて福となすように」

侍従長が国政におけるそれであるように、侍従武官長は軍事に関する天皇の助言者であり、軍事上の拝謁奏上のスケジュール調節者でもある。

天皇が軍服を着て事件に対処しようとし、武官長に〝終熄〟を命じたのは、天皇が事件を軍事事項として扱おうとしていることを意味している。つまりは、大元帥陛下が大権をもつ統帥の問題なのだ。

さらに天皇は本庄武官長に言った。

「そういえば、武官長だけはいつぞや、このような事件が起きることになりはしないか、と言っていたようだったな」

本庄武官長は、このときはただ恐縮して退下するばかりだった。

本庄大将は昭和八年四月以来、侍従武官長として天皇の側近にあった。大将には三男二女があり、長女芳江が昭和四年に歩兵中尉の山口一太郎《いちたろう》に嫁いだ。

昭和天皇(1933年の靖国神社参拝時。この3年後、2・26事件で襲撃される鈴木貫太郎が後左〈当時、侍従長〉。後右には本庄繁侍従武官長が見える)
提供:朝日新聞社／時事通信フォト

その山口が大尉に進級し、昭和一〇年に歩兵第一連隊に着任、革新派の青年将校として、磯部浅一や村中孝次などと親交を結んだ。そのために、山口大尉は青年将校の動きについて日頃から情報として、義父の本庄に伝えていたし、本庄もまた天皇にそれとなしに情報を語ることがあったのだろう。

そして、山口大尉は蜂起にさいし、公私の関係をたどって本庄大将そのほか陸軍上層部に働きかけ、事後処理をうまく運ぶ役割を担っていた。本庄武官長が青年将校の決起に対し、どこまで知らされていたかは不明だが、事件の四日間、青年将校にかなり傾斜した心情を武官長がもち続けたことは明らかである。

ということは、天皇が事件に対処するに曖昧さ、ないしは例によって〝沈黙する天皇〟であったならば、事件がどんな結果を生んだか予測できないものがあった、と思わせるし、逆に、天皇の最初の一言が武官長に対する大きな牽制になった、とみることもできるであろう。

青年将校たちの〝天皇親政〟への憧れは、事件が幕を開けた直後に、まさに正反対のものとなっていたのである。しかも天皇側近では、侍従武官長の拝謁と前後して、事件の行方を決定づけるような案が練り上げられていた。

宮内大臣湯浅倉平《ゆあさくらへい》、侍従次長広幡忠隆《ひろはたただたか》と内大臣秘書官長木戸幸一《きどこういち》の三人は、「この際は陛下より叛乱軍を速やかに鎮圧せよとの御諚を下されて、この一本で事態を収拾すべきであり、時局収拾のための暫定内閣、などという構想には絶対ご同意なきようにする」ことで、意見の一致をみていたのであった。

午前七時、湯浅宮内大臣がさっそく天皇にこの意見を上奏した。天皇は大きくうなずいて、

「私もそのように考えていた」

と言った。呼吸はぴたりと合っていた。

平凡にも見えるこの収拾策が、実は青年将校らが担ぐ真崎甚三郎《じんざぶろう》大将を首相とする暫定内閣案を、根元から覆すことになるのである。クーデターの、のるかそるかの決着は早くもついていた。

午前九時、陸軍大臣川島義之《よしゆき》大将が参内し、事件当事者の陸軍として状況を報告した。天皇は陸相にぴしりと言った。

「今回のことは、精神の如何を問わず不本意である。速やかに事件を鎮定するように」

しかし、陸相は参内前に青年将校に吹き込まれていることを、くだくだと述べた。現

内閣の施政が民意に添わないから事件が起きたこと、このうえは、国民の生活を安定させ、国防の充実を図ることが重要であること。

「でありますから、それらの施策を強く実施する内閣を早くつくらねばならぬと存じます」

天皇はきわめて不機嫌そうに、

「陸軍大臣はそういうことにまで口を出して言わないでもよい。それよりも叛乱軍を速やかに鎮圧する方法を講ずるのが先決要件ではないか」

と言い放った。川島陸相はほうほうの態で、泣きそうな顔をして退下した、という。

この時点で、天皇が果たして「叛乱軍」と言ったかどうか、やや疑問とされているが、少なくともその意思だけは明確だったのである。ただちに鎮圧せよ、という〝大元帥命令〟なのだ。

にもかかわらず、陸軍首脳の動きは右顧左眄、一時しのぎの対策を練り、目を蔽うばかりのモタモタぶりを示した。彼らは、仮にそうだとわかっていても、大元帥命令と受け取ろうとはしなかったのである。知らんふりで、単に天皇の個人的意思を示す言葉の上の指示、とみなした。国務大臣の副署のある正式勅命ではないから、これを無視し、時間かせぎをすることは許されると判断した。

天皇にして大元帥、という天皇制のもつ二重構造を、陸軍は巧みに使い分ける技術を、昭和史の流れの中で自家薬籠中のものとしていたのである。

とはいえ、川島陸相は途方に暮れた。いかにして事件を収拾したらよいのか。窮余の一策として、軍事参議官会議を開いてその決定にすべてを委ねることにする。実はこれも天皇無視の独走であった。軍事参議官会議は天皇の諮問に応じ開かれるべきものだからである。

鎮圧を督促し続ける天皇、頬かぶりを続ける侍従武官長

会議は結果的には真崎甚三郎・荒木貞夫両大将の意見によってリードされ、「陸軍大臣告示」をこしらえ上げた。
一、蹶起《けっき》の趣旨については天聴に達せられあり、二、諸子の行動は国体顕現の至情に基づくものと認む……。

午後三時半過ぎ、この「告示」は決起部隊に伝えられた。青年将校たちは「わが事成れり」と躍り上がって喜んだ。明らかに、行動が是認されているではないか。さらに同じ頃、第一師団管区戦時警備令が下令され、それに基づいて第一師団長堀丈夫《たけお》中将は、午後四時に第一師団命令を下達した。

命令によれば、決起部隊は歩兵第一連隊長小藤恵《こふじさとし》大佐を長とする「麴町地区警備隊」となって、永田町台上の治安維持に当たることとなった。これによっても、部隊は〝賊軍〟ではなく〝官軍〟であることを正式に認められたことになる。昭和維新ここに成る、と青年将校たちは再び小躍りした。そして、青年将校たちは「尊皇義軍」と自称を統一して呼ぶこととした。

二六日が暮れ、雪がまた降りだした。官軍となった決起部隊には、所属連隊から糧食や衣類が次々に届けられる。赤坂山王下の料亭「幸楽」に駐屯した部隊には、特製の親子丼が支給された。「幸楽」の話によれば「師団司令部から直接に連絡があったからそうしたのに、まだその払いをもらっていない」という。

いったい、これはどういうことなのか。大元帥命令の「速やかに鎮圧せよ」はどこへいったのか。そして、決起部隊の将校たちは、情勢は有利に進展していると信じているが、「大臣告示」も「警備命令」も鎮撫のための手段であり、欺瞞でしかなかったのに気づかなかった。

この日、二〇～三〇分ごとに本庄武官長を呼び、事件のその後の経過を尋ね、早く鎮圧するようにと天皇は督促し続けている。まさに異例の事だった。しかし、本庄武官長はしぶとく、その都度、これを頰かぶりしてしまう。「午前二時に至り、なおお召しあらせられたり」と言う。しかし、武官長はついに天皇を欺き続けようとするかの如くである。

二六日朝から二七日の夜明けまで、天皇はほとんど一睡もしなかった。

襲撃を恐れて身を隠した閣僚が多く、日が落ちてからやっと全閣僚が揃った。内務大臣後藤文夫が首相臨時代理を拝命し、この後藤の手で閣僚の辞表がとりまとめられ、天皇に呈出されたのは深夜であった。天皇は言った。

「暴徒は全力を挙げてこれを鎮圧せよ。閣僚はよろしく協力一致して時局の安定を図るように。それまでは辞表をしばらく預かりおくことにする」

側近たちの作戦どおり、この瞬間に、決起部隊が構想した暫定内閣案はけし飛んでしまった。叛乱は宙に浮いた。またこのとき天皇は、川島陸相の辞表文がほかの閣僚と同じであることを厳しく咎めた。陸軍首脳が己の責任をどのくらい重く認識しているのか、という強烈な非難であったのである。

断乎鎮圧を命じる天皇の意思が、潮の満ちるかのように陸軍中央に浸透していった

これと前後して二七日午前一時二〇分過ぎ、参謀次長杉山元《はじめ》中将が参内し、戒厳令施行の勅命を仰いだ。天皇はこれを認可して言った。

「徹底的に始末せよ。戒厳令を悪用するなかれ」

戒厳令施行の勅命が午前三時。この時間であるのに、号外が鈴を鳴らして走った。決起将校たちは一抹の不安を抱きつつも、この戒厳令発動をもって昭和維新の真の第一歩と受け取った。

だが、彼らは楽観しすぎていた。断乎鎮圧を命じる天皇の意思が、潮の満ちるかのように陸軍中央に浸透していったのである。杉山参謀次長を中心とした統帥部の意思は、「隊付の下級将校の分際で生意気にも程がある。断乎叩き潰せ」にまとまりつつあった。

事実、甲府連隊・佐倉連隊を中心とする大部隊が、二六日午後九時までに東京に集結、二七日の夜明けとともに決起部隊を包囲し始めていたのである。

夜がすっかり明け放たれた二七日午前八時二〇分、杉山次長は再び天皇に拝謁し、所属部隊への復帰を命ずる奉勅命令の允裁《いんさい》を仰いだ。大元帥命令によって決起部隊を解散させようという。天皇は至極満足げにこれを決裁した。

このとき、杉山は天皇に言った。

「皇軍同士の撃ち合いはできるだけ避けたいと思っております。したがいまして、奉勅命令の交付の時機につきましては、参謀総長にお任せ願いたく存じます」

天皇はこれも快諾した。この命令が正式に出たときには、それでもなお部隊が駐屯地に戻らなければ、大元帥の命令に反することになる。抗命である。陸軍中央はこの切り札を握ったのである。

時間はこの間にも無情にたっていく。裏工作を何も知らない決起将校たちは、時の流れとともに不気味な想いを濃くしていった。東京の動静に即応して立ち上がるはずの各地の師団や連隊からの連絡もない。

本部を置いて陣取っている首相官邸には、右翼団体や陸海軍の予備役将官などから、ひっきりなしに激励の電話がかかる。北一輝からの霊告が伝えられる。さまざまな団体が官邸前でラッパや太鼓の音頭で万歳万歳を繰り返している。しかし、肝腎の信頼すべき情報は何一つ届かなかった。

天皇の焦慮はますます募った。なすべき手は全部打ってあるのに、決起部隊に対する鎮圧が遅々として進まない。この日もまた、数十分ごとに本庄武官長を呼んで、天皇は、一刻も早く鎮圧せよと督促した。武官長の拝謁は一三回に及んだという。

しかし本庄武官長は、悪化している情勢の中で、なぜか必死になって天皇の翻意を求めるのだった。

「彼ら行動部隊の将校の行為は、陛下の軍隊を勝手に動かしたものであり、統帥権を甚だしく犯したもので、もとより許すことのできぬものでありますが、その精神におきましては、君国を思う至情に出たもので、必ずしも咎むべきではないと思うのであります」

天皇は憮然たる想いを味わったにちがいない。〝行動〟と〝精神〟を等置し、〝許せない〟と〝咎むべきではない〟を並べ、後のほうに重点を置く論理である。つまり「行動はともかく、精神は咎むべきではない」と武官長は主張するのである。

しかし、天皇は言い切った。

「私の股肱《ここう》の老臣を殺戮したのである。このような凶暴の将校などは、その精神においても、どうして許すべきものがあろうか」

武官長はなおも食い下がった。そのやりとりは次第に殺気を帯びてくる。

天皇「私が最も信頼していた老臣をことごとく倒すのは、真綿にて、私の首を絞めるにもひとしい行為である」

武官長「老臣殺傷はもとより最悪の行為でありましょう。仮に誤解してこのようなことをしたのだとしましても、彼ら将校としては、こうすることが国家のためになるとの、考えに基づくものでありますから……」

天皇「それはただ私利私欲がないというだけのことではないか」

親皇道派である本庄武官長の、天皇に対する必死の抵抗は、天皇の厳しい叱咤の言葉ではね返され、青年将校たちは、行動はもとより、精神もまた許せぬ〝凶暴の将校〟にすぎなくなっている。

その〝凶暴〟なる青年将校たちも、情勢打開のため最後の努力を傾けた。午後二時、決起将校全員と真崎、阿部信行《のぶゆき》、西義一《よしかず》の三軍事参議官との会見がもたれたのである。北一輝からの霊告「国家人なし、勇将真崎あり」を受けた青年将校の代表野中四郎大尉が切り出した。

「事態の収拾を真崎閣下にお願い申します。このことを全軍事参議官と全青年将校の一致した意見として、陛下に上奏をお願いします」

真崎はやんわりと断った。

「そう言ってくれることは嬉しいが、今は君らが連隊長の言うことをきかねば、何の処置もできんのだ」

建設計画をもたずに暴発した決起部隊と、天皇の激怒を知って火中の栗を拾うのを避けようとしている真崎では、結局、何の解決にもならなかった。

青年将校が頼みにしていたもう一人、弘前歩兵第三一連隊大隊長少佐・秩父宮が上野駅に着いたのは午後四時五九分である。ただちに近歩一の一個小隊に守られて参内、まず高松宮と懇談ののち、連れ立って天皇と会い、決起部隊将校の行動について詫びた。

天皇は非常に喜び、皇后を呼んで夕食を共にしたという。一時、政軍中央を驚かせた〝秩父宮上京す〟の報も、これも何事もなく終わった。決起将校はここでも頼み難きを頼んだことになろうか。

気力の充実しきった天皇は、本庄侍従武官長を呼んで厳しく言った。

「私が自ら近衛師団を率い、これが鎮圧に当たらん」

烈々たる天皇統帥の気迫に武官長は、

「どうぞご心配なきよう」

と繰り返すばかりだった。

「奉勅命令」により、「逆賊」となった叛乱部隊――決起部隊幹部は、自決でなく、断乎抗戦へ

この夜、一時の興奮も冷め、どっと疲れの出た決起部隊の下士官兵は、小藤大佐の命に従って割り当てられた宿舎に入り、横になって二日ぶりに手足を伸ばした。しかし、彼らは知らなかった。日付が二八日と変わった真夜中に、情勢は「奉勅命令によって叛乱部隊を撃つ」という方向へ完全に逆転していたのである。

九段の戒厳司令部では、全幕僚の非常呼集による会議が、長時間続けられている。天皇の意思はあまりにも明確となった。日和見派も中立派も、今や討伐論へとなだれを打ち始める。

「皇軍相撃の危険を冒す奉勅命令の下令ならびに実施を延期すべきではないか。説得によって決起部隊の撤退を図るべきである」

山口一太郎大尉の、声涙ともに下る意見具申が、幕僚の心を打つには打った。誰もが皇軍相撃つの悲劇を避けたかったが、巧い方策はない。堂々めぐりの議論が続くとき、作戦課長石原莞爾《かんじ》大佐が立ち上がって叫んだ。時に午前三時。

「午前六時攻撃だ。命令受領者集まれ。勝てば官軍、負ければ賊軍。終わり」

それから数時間後、ぐずぐずと決断に迷っていた戒厳司令官香椎《かしい》浩平中将も、杉山次長と川島陸相に督促され、ついに心を決めた。「決心変更、討伐断行」と言って——。

午前五時八分、奉勅命令が下達された。

「戒厳司令官は三宅坂付近を占拠しある将校以下を以て速やかに現姿勢を撤し各所属部隊の隷下に復せしむべし」

決起部隊は、この天皇命令によって、永田町台上にとどまるだけで〝逆賊〟となることになった。

これを受けた第一師団命令の下達は、午前六時三〇分、そして七時三〇分に師団参謀が歩一連隊長小藤大佐に伝達したということになっている。だが、なぜか決起部隊には正式には下達されなかったという。

　午前六時半頃、山口一太郎大尉は鉄道大臣官舎に集結する決起部隊将校に、深々と頭を下げて言った。

「近く〝原隊に撤退せよ〟の奉勅命令が下る。微力ついに及ばず万策は尽きた。許してくれ」

　将校の多くは悪い冗談だと笑った。

「なぜかって、われわれの行動は、陸軍大臣告示によって認められているばかりか、戒厳命令で第一師団隷下のレッキとした小藤支隊ではありませんか」

　奉勅命令など信じられないという顔ばかりだったのである。

　しかし、冗談でもごまかしでもなかった。杉山次長が参内して天皇に奏上、午前一〇時には、強行路線は確定し、決起部隊の運命が決したのである。

　放送室（日本放送協会）も戒厳司令部の一室に移され、重大発表はすべて司令部の指示によることになった。そして一〇時過ぎ、ラジオは永田町付近の住民の避難を静かに落ち着いた調子で流し始めた。

　青年将校たちは、事態の急変にさすがに動揺を隠せなかった。同士討ちとなれば黙々としてついてきた部下を徒死せしめなければならないのだ。

陸軍首脳も苦悩した。秩父・東久邇・朝香三皇族の意見として「罪のない下士官兵を倒すということは、大御心ではない。下士官兵以下は原隊に帰らせるのが至当である」との申し入れも戒厳司令部に届けられた。真偽不明の怪情報が飛び交い、軍首脳も決起部隊側も時間がたつにつれて足並みは一層バラバラとなるだけだった。重苦しい刻《とき》が流れた。

だが、正午を過ぎたとき、思いもかけず解決の途が開かれた。「決起部隊の幹部は、下士官兵を天皇に返上、将校一同は自決することに決した」という報告が入り、戒厳司令部内はたちまち興奮のるつぼに投げ込まれた。

この朗報をもって川島陸相と山下奉文《ともゆき》少将が連れ立って本庄武官長を訪ねた。二八日の午後一時過ぎである。決起将校らは自刃罪を謝し、下士官兵は原隊に復帰させる。

「ついては勅使を賜り、死出の光栄を与えてはもらえまいか」

と、川島と山下はこもごも本庄に訴えた。また、

「第一師団長も、部下の兵をもって同じ部下の兵を討つことは耐えられない、と言っている」

とも伝えた。事件勃発以来の天皇の強い意志を知るだけに気の進まなかった武官長も、それならば、ということで御政務室に行き、これを奏上した。これを聞くや否や、天皇はかつてない怒りを顔に表して言った。

「自殺するならば勝手にさせるがいい。かくのごときものに勅使などもってのほかのことである。また、師団長が積極的に出られないと言っているのは、自分の責任が何であるか解せざるものだ。直ちに鎮定するよう厳達せよ」

『本庄日記』には「未ダ嘗テ拝セザル御気色」「厳責」など、本庄は最大級の辞句で天皇の激怒を記している。陸相と山下はこれを聞き、しおしおと退下した。またその後、山口一太郎大尉からも、

「皇軍相撃の失態を避けるために、彼らの最後の場合に侍従武官を給うのが唯一の道です。重ねてご尽力願います」

と電話で頼んできた。本庄武官長は天を仰いで「絶対に不可能だ」と答え、受話器を力いっぱいに置いた。

この「自殺するなら勝手にやれ」という天皇の言葉は、決起将校に伝わるはずもない。陸相も山下も、どうして彼らにこの冷酷ともいえる言葉を伝えようか。しかし、天皇の

言葉如何に関わりなく、興奮は一時間とは続かなかった。

「幸楽」を占拠する安藤輝三大尉、坂井直中尉は自決に不同意、断乎抗戦の強硬論で押し通していたからである。この知らせをもって官邸に戻った村中孝次は、

「おい磯部、やろうッ」

と言った。磯部浅一もただ一言、

「やろう」

と応じ、青年将校たちの意思も全員自決から一転して〝断乎決戦〟となった。時に午後二時である。

天皇の激怒の前に「不忠の臣」として舞台から退くしかなかった侍従武官長

「叛乱部隊ハ遂ニ大命ニ従ハズ。依ツテ断乎武力ヲ以テ治安ヲ恢復セントス……」

百方手を尽くすもはや討伐のほかなしとの悲痛な判断から、やっとこの作戦命令が下されたのは午後五時三〇分であった。決起部隊は、それまで維新部隊、行動部隊、占

拠部隊、小藤支隊などと呼ばれてきたが、正確にはこのときから正式に叛乱部隊と呼称されるのである。

だが、大命＝奉勅命令は決起部隊には伝えられてはいないという。下達されない大命に従わなかったために、決起部隊は今や叛乱軍となった。

戦車の轟々たる音、それに負けずに、叛乱軍から怒濤のように絶え間なく起こる万歳と軍歌の声。場所を選んで街頭演説が行われる。群衆から送られる激励の辞。包囲した鎮圧軍の兵力は約二万四〇〇〇人。異様な雰囲気に包まれつつ永田町台上に陽は落ちた。

鎮圧部隊の攻撃開始は翌朝午前八時と決した。戦闘指導の方針は、一、主として戦車を利用して敵の抵抗線を破る、二、まず首魁の殲滅に努める、三、彼我下士官兵の犠牲を最小限にとどめる……。

杉山次長から「攻撃準備不足のために攻撃の翌朝延期」の報告を受けたとき、天皇は言った。

「皇軍が相撃たざるをえなくなったことには、いかにも同情するが、経済界・外交界の不評は高まっている。とにかく、鎮定を速やかにせよ。また、軍隊が奉勅命令に復しないのは、残忍の行いなのである。それを第一師団がただちに実行できないというのは、それほど陸軍が一つにまとまることが困難だった、ということなのか。外国に笑われることではないのか」

恐れ入って杉山次長が退出したあと、侍立してこの話を聞いた本庄武官長は、矢も盾もたまらず進み出て、気持ちをぶちまけて天皇に歎願した。昨今、陸軍が大命をことさらに無視するとか、軍政府を樹立しようとしているとか、とかくの風評をする者がある。だが、陛下の陸軍はそんな事実はない、と言い、

「陸軍のみが悪者となり、そして、今回の事件を速やかに、かつ円満に解決しようとする陸軍の努力すらも無視されております。こうした一般の空気と、誤解は酷と申すほかはありません……」

と、大将は感きわまって涙を流し、絶句するのだった。

本庄大将にしてみれば、明朝の攻撃で逆賊として殺される青年将校に思いをいたし、これを助けたいの一心から出た最後の訴えであったろう。だが、その切言が天皇側近への、さらに言えば天皇への〝攻撃〟になっていることに、大将は思い至らなかったのか。孤立無援の立場に追い込まれた本庄の、悲痛の想いが手に取るようである。

一旦は無言のまま奥へ入ったが、再び出てきた天皇は、侍従武官長をもう一度呼んだ。

本庄はもう一度「泣いて陸軍に対する誹謗を訴え」たが、天皇は冷たく言った。

「ともかく、速やかに事態を収拾すべく取り計らえ」

もはやここに至っては、武官長の努力も刀折れ矢尽きたのである。それ以上の言葉のあろうはずもなかった。

本庄大将は、家庭人としては朴訥で情愛のこまやかな人であったという。戦歴としても日露戦争とシベリア出兵に参加し、二度の中国駐在武官の時代には中国革命に挺身し、張作霖の軍事顧問を務めるなど、陸軍きっての中国通の一人と見られる有数な軍人だった。

だが、満洲事変直前に関東軍司令官に送り込まれ、真崎・荒木の皇道派全盛時代に侍従武官長となるなど、政治的軍人や陰謀家に御しやすいと考えられている面が多分にあった。当時の新聞で評された「誠忠無比の人柄が買われた」わけではなかったのであろう。

天皇側近としての本庄は、皇道派の意見を天皇へ通じる唯一の架け橋だった。青年将校の精神を伝える代弁者の役割を期待された。事件にさいして、彼の声涙ともに下る歎願でその責を果たそうとしたが、天皇の激怒の前に「不忠の臣」として舞台から退くほかはなかった。そして事件後、ただちに予備役となり陸軍を去ることになるのである。

鎮圧部隊による事態の強硬解決、そして「兵に告ぐ」の放送……

二月二九日の朝を迎えた。

戒厳司令部の廊下に軍靴の音が高まった。午前六時二五分、香椎司令官の〝断〟の一字が電波に乗った。

「再三再四説諭したるも、彼らは遂にこれを聴き容るるに至らず……遂に已むなく武力をもって事態の強行解決を図るに決せり……」

交通は全部停止を命ぜられ、東京の大動脈は完全に止まった。午前五時半から東京鉄道局管内の各駅は門扉を固く閉ざし、電車のない東京、自動車の走らない東京は、不気味な沈黙のうちに沈んだ。

いよいよ作戦開始。不測の事態の起きることのないよう、鎮圧部隊は戦車を先頭に包囲の輪を詰めていく。車体には「謹んで勅命に従へ」「武器を捨て、我方に来れ」など

奉勅命令により、叛乱軍が帰隊
提供:朝日新聞社／時事通信フォト

と書いた紙が貼られていた。

八時五五分、中村茂アナウンサーによって有名な「兵に告ぐ」が放送された。

「勅命が発せられたのである。既に天皇陛下の御命令が発せられたのである。お前たちは上官の命令を正しいものと信じて絶対服従をして誠心誠意活動してきたのであろう……今からでも決して遅くないから、抵抗をやめて軍旗の下に復帰するようにせよ。そうしたら今までの罪も許されるのである……」

空からは「下士官兵ニ告グ」の降伏勧告ビラが撒布される。一、今カラデモ遅クナイカラ原隊へ帰レ、二、抵抗スル者ハ全部逆賊デアルカラ射殺スル、三、オ前達ノ父母兄弟ハ国賊トナルノデ皆泣イテオルゾ……。

さらには、芝田村町の飛行館屋上に「勅命下ル軍旗ニ手向フナ」の字がアドバルーンによって掲げられた。地上では、戦車がキャタピラーを鳴らして迫る……。

叛乱はあっという間に終熄した。何も知らぬ兵隊たちが可哀そうだ、という気持ちに衝き上げられ、将校たちが次々に帰順を表明した。まず首相官邸の中橋隊が。栗原中尉も兵を帰した。清原隊、坂井隊、そして中島隊と……。

自決未遂の安藤大尉を除く叛乱軍将校全員が陸相官邸に集合したのは午後二時過ぎ。兵たちはすべて原隊へ帰った。そして、野中大尉が筆頭人としての責任を負って拳銃自殺した。決起前に書いた遺書の「我れ狂か愚か知らず」の文字が、青年将校たちの眼に沁みた。

そして天皇は叛乱無血終熄の報に、喜色を浮かばせて言った。

「事件の経済界に与える影響、特に、海外為替が停止になったら困ると考えていた。しかし、比較的早く事件が片づき、さしたる影響もなかった。本当によかった」と。

＊

翌一二年の夏、天皇は侍従武官を呼んで妙な頼み事をしたという。

「盆提灯が欲しいのだが……」

「かしこまりました。一つでよろしゅうございますか」

「いや、一五個欲しい」

侍従武官は、変な数だなと思ったが、さっそく調達してきた。

その夜、人目の立たぬ軒下にその提灯が掛け連ねられた。ほのかに灯る灯影を見つめているとき、その侍従武官はハッと思い当たることがあった。事件で死刑になった人間（一一年七月一二日執行）が一五人ではなかったか――と。

真偽はさだかではない。しかし、事件当時の侍従武官、のちに参謀次長となった中島鉄蔵中将の直話という。

こうして天皇が宮中で密かに霊鎮《たましずめ》の儀を行っている頃、なお生きて北一輝らと獄中にあった磯部浅一は、凄まじい呪詛の言葉を書きつづっていた。

「恐らく陛下は、陛下の御前を血に染める程の事をせねば、御気付き遊ばさぬのでありましょう。悲しいことでありますが、陛下のため、皇祖皇宗のため、仕方ありません。……いかに、陛下でも、神の道を御ふみちがえ遊ばすと、御皇運の涯てることもございますぞ」

この激しい言葉は、しかし、天皇には届かなかった……。

II

名誉と覚悟と責任と

昭和陸軍と阿南惟幾

――八月一五日に自決した陸軍大将の本心

戦争末期、昭和陸軍首脳が事なかれ主義の自己保存に明け暮れるなか、阿南惟幾《あなみこれちか》は、いわゆる〝終戦内閣〟の陸軍大臣となる。

陸軍中央の中堅将校により「日本が希望する条件を連合国側が容認するまで、交渉を継続するよう御裁可を仰ぐのを目的とする」という限定付きの目的を掲げたクーデター計画もたてられたというが、その願いは「国体護持」にあった。

そして昭和二〇年（一九四五）八月一四日、天皇裁断により、戦争終結、日本の降伏が決まった。

「お前の気持ちはよくわかる。苦しかろうが我慢してくれ」と昭和天皇は陸軍大臣の阿南に「涙を流して仰せられた」という。

阿南はついに、陸軍の部下たちに〝降伏〟を訓示する。

そのうえで「不服の者は自分の屍《しかばね》を越えてゆけ」と叱咤したという。

「一死以テ大罪ヲ謝シ奉ル」との遺書を残したこの陸軍大臣は、翌一五日の早朝に、敗戦の責任を負って自決した。

陸軍大臣阿南惟幾は、なぜ「米内を斬れ」と言ったのか

阿南惟幾(1887－1945)
提供:時事

「六〇年の生涯、顧みて満足だった」

敗戦の責任を負っての自決の直前に、陸軍大臣阿南惟幾大将は言った。

その日、昭和二〇年八月一五日夜明け、阿南陸相は闊達にさまざまなことを問わず語りに語っている。母の死以来、ほとんど口にしたことのなかった酒を飲んで、耐えきれぬ重責からの解放感に、少なからず陽気であった。

「そうそう、よく頼んでおかないといけないな。もし死にそこなってバタバタしたときは君が始末してくれ。いいな、頼んだぞ。しかし腕は、まあ、確かなつもりだから、その心配は万あるまい」

と陸相は言った。そして用意してあった短刀二振《ふり》をとりだすと、そのうち細身の一振の鞘を抜き放ち、

「切腹にはこれを用いるつもりだが、卑怯のつもりはない」

とも言った。武人としての作法の軍刀を用いないことを断ったのである。今生《こんじょう》に息のあるかぎり、軍人としての名誉を重んじる将軍であった。割腹は廊下でする決意をも語った。罪人として己を裁くため、なろうことなら庭土の上で死すことを願うが、外に警備の人々の姿もあり、断念するほかはない。しかし、畳の上で息絶えることを、謹厳なる将軍の気持が許さなかったのである。

すべてが覚悟の自決である。

「信頼し、感謝していると伝えてくれ。よく尽くしてくれた」

とその席にいない妻に最後の言葉を遺し、また子供たちへも優しい思いやりの言葉を遺した。先輩や知友、さらには部下に対してもいちいち名をあげて別離の一言を送った。顧みて満足であった——生涯の終わりを飾って、一語一語が美しい光芒を投げかけている。

その陸相が、である。自決の直前に突然、ぷつりと言った。

「米内《よない》を斬れ」

すべてを達観したかと思われる人にして、なおこの烈しい一言があったというのである。

斬れ、と名指されたのはいうまでもなく、海軍大臣米内光政《みつまさ》大将である。

昭和一二年の林銑十郎《せんじゅうろう》内閣のとき、海相として昭和政治史の表舞台に初登場以来、一度は首相の印綬を帯びたことのある海軍の第一級人物。その人格、識見、徳望は部内を圧し、敗色濃厚の昭和一九年の小磯国昭《こいそくにあき》内閣の成立にさいし、現役に復して再び海相に就任した。かつて例を見ない現役復活は、その軍政的手腕が抜群であったことを意味している。

八カ月後、小磯内閣は倒れ、昭和二〇年四月、鈴木貫太郎《かんたろう》内閣に代わった。米内は鈴木首相に請われて留任し、陸相に新任した阿南とともに、いわゆる〝終戦内閣〟を敗北のその日まで支えてきた。米内海相六五歳、阿南陸相五八歳、陸海の別はあるが、陸相にとって、海相は立派な先輩武人のはずである。その米内を斬れと、陸相は言う。

もちろん、内閣成立からこのかた、さまざまな曲折はあった。とくに連合国のポツダム宣言の受諾をめぐり、陸相の意見に激しく対立したのは、東郷茂徳《とうごうしげのり》外相と米内海相の二人である。とくに陸相が、終戦詔書の文言に関して海相と大激論を戦わしたのは、つい数時間前のことであった。そしてまた、陸軍部内では林内閣以来、米内を目して英米派・和平派の元凶と見続けてきていた。であるから、その米内を斬れと、阿南は言うのであろうか。

阿南陸相のこの一言は、「大本営機密終戦日誌」の昭和二〇年八月一四日（水）にだけ記されている。これは陸軍省軍務課員竹下正彦中佐によって、八月七日からずっと書き綴られてきたものである。

竹下中佐は陸相の義弟、また直属の部下として、この夜の自刃の場に立ち会っている。唯一の目撃者であり証言者の竹下中佐は、こう語っているという。

「この一言にとくに深い意味があったとは思わない。かなり阿南は酔っていたし、このあとすぐ話題がほかに移ったことからも察せられる」（児島襄『指揮官』、角田房子『一死、大罪を謝す』など）

当時の陸相を知る旧軍人たちも、無意識の一言ともざれ言とも言い、等しく竹下説を肯《うべな》っている。それほど、意味のない言葉であったろうか。

人のまさに死せんとするや、その言や善しという。かつて大酒家として鳴らした陸相が、死にのぞんで、いくら久し振りの酒とはいえ、あまりに影響の大きすぎる酔余のざれ言を洩らしたとは考えられない。すぐに話題を移したというが、そうであるならばなおのこと、喋々とはできぬ満腔の想いを、一言に托したとみることもできる。

国を滅ぼしたのは軍部である。陸軍の責は自らがとる。海軍のそれを海相にもとらせよなどという単純なものでない。その真意は何であったのか。

陸相みずからの言うように、その生涯は悔いのない、まことに堂々たるものであった。そしてまた、米内海相のそれも堂々たる一生の一語に尽きる。その激突のなかから、斬れの一言が発せられても不思議はない。国そのものが滅びようとしているとき、それを救わんとする二人の武人の精魂を込めた凄絶な決闘であった。真剣そのものの戦いなのである。

それは戦争観、国家観の相違に帰せられるであろう。二人はそれぞれ自分のもっている〝日本的忠誠心〟に従って、堂々とぶつかり合った。その考え方の根本的な開きが、敗戦という現実を前に「斬れ」の言葉に象徴されるような、悲劇的な対立をもたらしたとみるべきなのである。

歴史とは人がつくるものだが、歴史もまた人を生む——

米内は海相として登場してきたとき金魚大臣とあだなされた。それまで、大正末年から昭和初期にかけて、部外のものに彼の存在はほとんど目立たなかった。有能な人物という印象はなかった。そこから、あだなは、大臣としては見かけは立派だが、使いものにならぬの意。またのあだなは「グズ政」。長身の、端麗な容貌だけが目立ったゆったりとした存在であったのであろう。

海軍兵学校を六八番で卒業というから、華やかな軍歴には無縁である。昭和五年のロンドン海軍軍縮会議をめぐって、海軍部内はもとより、日本中が五・五・三の比率問題や統帥権干犯問題で激震を続けた大切なとき、中将に進級した米内は、鎮海《ちんかい》要港部司令官という浮世離れした閑職に追いやられている。中将の任地としては、鎮海と聞けばだれもが「クビ五分前」を思う。次は予備役——。

ところが奇妙な時運が支配しはじめる。折から海軍は、軍縮問題のあおりをまともに食らい、有為な人材を次々に失った。山梨勝之進、谷口尚真《なおみ》、寺島健、堀悌吉《ていきち》……、強硬派の策謀で彼らは予備役に編入されて海軍を追われ、それが米内のクビを結果的にはつなげることになった。

米内は、軍縮に関しても対米協調主義に関しても、これらの人と旗幟を同じくしていたが、中央の要職におらず、その茫洋とした風貌姿勢によって、強硬派にそれほど睨まれることがなかったのである。

出るときは人に任せよという。当然のことながら、退くときは自ら決せねばならない。決する機会を待つこともなく、米内は内に潜めた輝きをおもむろに発しつつ、周囲から押し立てられるように、軍人の最高位までのぼりつめるのである。

米内について書く稿でなく、阿南について書こうとするとき、奇妙な偶然のように米内がダブって浮かんでくる。阿南もまた、時代が彼を必要としたからこそ登場してきた一個の人物であった。歴史とは人がつくるものであろうが、歴史もまた人を生むのである。

阿南は陸軍士官学校一八期卒、成績は三〇〇人中九〇番である。光彩陸離というわけにはゆかない。米内の長身と違い、幼年学校時代は背丈がいちばん低く、士官学校で人に倍する鍛錬を重ねてやや伸びたというが、小柄な軍人であった。しかし容貌では、米内に劣らなかった。

幼年学校時代の若鮎のような可憐な美少年から、やがては「胸を張り、あごを引き、足をまっすぐ伸ばして大股に歩く」堂々の陸軍軍人になるまで、彼を知る人は等しく端整な容姿について賛嘆を惜しまない。

大正七年（一九一八）陸大卒。六〇人中一八番は卑下する必要のない成績であるが、奇妙に〝学校の成績の悪い男〟という評がつきまとう。それは陸大史上稀にみる珍な経歴を阿南がもっているからである。三回試験に落第がそれで、しかも、ほかのものなら断念するのに受験をあきらめず、四回目に合格した事実が、つとに知れ渡った。

このことは、不撓の根性を語るエピソードとして語り継がれる。同時に、後年の阿南が貫き通した〝信条〟をそのままに伝えてくれる。

受験当時、阿南は中尉、中央幼年学校の生徒監であった。彼は大事な受験を前にしても、週番をきちんと務め、さすがに三回目、四回目となれば交代を申し出る親身の友もあったが、阿南はすべて断った。任務は公であり、陸大入試は私のこと、公の前に私はない、それが阿南のけじめというものなのであった。

陸大合格の知らせは、何よりも彼の教え子たちを喜ばせた。生徒監になってから阿南はチョビ髭を生やしだした。髭は立派であるが三度落第ではと、彼を敬愛する教え子たちも肩身が狭かったのであろう。これで未来の閣下を約束されたとして、喜びのあまりに教え子の一人が冗談に言った。

「たとえ将官になられても、閣下とお呼びするのは気持ちがしっくりしません。このま〝生徒監殿〟と呼ばせてください」

生徒監殿の返答がふるっている。

「いいとも、いいとも。しかし、私は閣下になれそうもないから、そんな余計な心配はするな」

言葉の上だけではなかったであろう。心底から、阿南はそう考えていたにちがいない。陸大入学も僥倖《ぎようこう》であったと、友人にしみじみ語っていたという。謙虚なこの人の人柄がよく出ている。

昭和陸軍の軍閥抗争の頂点で爆発した二・二六事件、その「粛軍」の看板として浮かび上がった男

そして、自らが言うように、歩みは遅々とし地味なものであった。参謀本部員、サガレン州派遣軍参謀、フランス出張、歩兵第四十五連隊留守隊長、侍従武官、近衛歩兵第二連隊長を経て、昭和九年(一九三四)に東京陸軍幼年学校長に就任、翌一〇年少将に進級した。

案に相違して閣下にはなったものの、陸大出身の少将が就くポストとして、幼年学校長は、いわば閑職である。米内における鎮海要港部司令官にも相当しようか。「阿南もぼつぼつ退役か」の声が、ひそかに彼を知る先輩や知友の間にささやかれた。そんな噂もどこ吹く風で、彼はこのポストにひたすら全力を傾注した。やがて、阿南の幼年学校長は「陸軍最高の人事だ」と人をして言わしめるようになっていった。

しかし繰り返すが、時代が人を望むのである。個人の意志や願いとはあまり関係がない。教育軍人としての比較的に穏やかな経歴はそれまでで、厳しい政治的激動が彼を新

しい局面に直面させることになった。昭和一一年の二・二六事件がそれである。

昭和陸軍史は、いうまでもなく、軍閥の抗争史でもあった。陸大優等卒あるいはそれに近いエリート軍人たちが、第一次世界大戦後の総力戦という新しい戦争観のもとに、国防国家を軍の手によって形成せねばならないという使命感に燃え、同志的な結合を次々に結んでいった。この人びとは〝革新派〟と呼ばれ、その運動は「現状打破」「国家改造運動」「昭和維新運動」と称された。しかし、それらをスタートとしながら、やがてエリート軍人たちは国家改造の方法論において分派し、互いに抗争し合うようになる。

統制派（幕僚グループ）は、組織なり機構全体が改革されなければ国家はよくならないとする立場から、合法的漸進を唱えた。これに拮抗する皇道派（隊付将校）は、政治でも経済でもこれを運営する人の如何によって変わるという見解から、非合法的急進に走った。いわゆる「組織か人か」の問題を中心に、人事が微妙にからんで、長い年月を両派は互いにせめぎ合ったのである。

その頂点で暴発したのが二・二六事件であり、叛乱軍将校を擁した皇道派はこれによって打ち倒され、目的とした軍部独裁への道は、対抗勢力であった統制派の手で押し開かれることになった。歴史の皮肉としか言いようがない。

国民は等しく、大事を惹起した陸軍に「謹慎」の二字を期待し、事実、陸軍は、現役の一〇人の大将のうち七人までを引責総退陣せしめ、粛軍の実を示すかに見せた（しかし、それは表面だけのこと、背後に形成されていたのは「新統制派」ともいうべき強固な官僚的陸軍ラインであったのであるが……）。

このとき「粛軍」の看板として阿南少将の存在が浮かび上がってきたのである。それまでの阿南は、抗争による軍閥とまったく関係のない無色の人格者ということで知られていた。経歴にシミがない。しかも、事件後に新設された兵務局は、軍紀の取り締まりや法令の監督実施が職務であるならば、陸軍一の教育者的軍人の阿南こそが最適の男ということになった。

二・二六事件にさいして、全生徒に行った幼年学校長の訓話は、阿南の厳然たる存在をいっそう陸軍部内に明確にした。去就に迷い発言を控える将官の多かった時点で、なんのためらいもなく、軍人の本分を超えて政治干渉することの大罪を強調し、非合法行為に走った青年将校たちを許すべくもないものたちとして論断した。

「農村の救済を唱え、政治の改革を叫ばんとする者は、まず軍服を脱ぎ、しかるのちに行え」

と言い切った。

今日の観点からすれば当然すぎる発言である。混乱のあの時点で、烈日秋霜の如き厳しさをもって結論したところに、この人の面目があった。

こうして政治的無色と高潔な人格を表看板に、阿南は陸軍中央に迎えられた。米内は同じころに大臣一歩前の横須賀鎮守府司令長官となっており、確実に海軍部内の頂点を極めようとしている。奇妙な一致であろう。長い下積みの時代を経て、それぞれの部内の派閥抗争の果てに浮かび上がってきた二人なのである。

しかも、この下積みの時代に、実は、二人はそれぞれにその後の生き方を決定するような修養をしている。

米内は、昭和三年末の揚子江警備の砲艦部隊司令官から、昭和八年末の佐世保鎮守府司令長官になるまでの五年間、もっぱら中央を離れた朝鮮と中国にあり、変転する国内および国際情勢をじっと横から睨んでいた。ロンドン会議、満洲事変、上海事変、五・一五事件——直接関係することはなかったし、それだからいっそうその裏側がよく見えた。米内の卓抜な政治感覚、先見性、国際感覚などはこのときに根づいたと思われる。

また、このとき、米内は実に多くの書物を読んだ。もともとの本好きのうえに、どちらかといえば閑職、読書の時間が十分にあることが幸いした。読書は視野を広くする、論理の基本を教える、感覚を磨く。バランスのとれた人間として、米内は己をつくり上げていった。

たいして、阿南がよく本を読んだという記録はない。およそ彼は世の仕組みや人間の心理などに興味がないのである。のちに、稀に見るような武人であることを示す阿南の関心は、常に己の精神の内側にだけ向けられていた。あの政治的な時代に終始派閥の圏外にあったことは、何よりの証しといえようか。自己顕示欲、あるいは立身出世主義と呼んで然るべきものを、一片たりとも身につけなかった。

幼少時代は背丈を伸ばさんがために、身体を鍛えることを第一目標とした。ちびの阿南が毎日大きな剣道道具を肩に警察道場へ通う姿が面白し、と当時新聞に書かれたという。剣道と弓道は子供のころより始め、長じては精神修養の資とし、最後の日まで続けられた。閑職にあろうと激職にあろうと、阿南にあっては、ただ一つの生き方しかなく、万事が精神を鍛え、身体を鍛えるための糧《かて》であった。

名言で埋まる生涯を通じて抱き続けた信条は、大義であり、初一念だった

　幼年学校の生徒監時代は、阿南の二五歳前後のことであり、幼年学校長はほぼ五〇歳。若くして、また年長となっても、教育者として阿南は、生徒への訓話のなかに、古今の格言をよく引用している。逸話には乏しかったが、阿南の一生は名言で埋まっている。ペダンチックに引用するだけではなく、名言を己に課する人生目標とし、その心をそのまま自分の人格とした。金言の価値は、必死の努力と修養によって裏付けられていた。

　教育者としての阿南の弁舌は、流暢からは程遠かったという。饒舌を嫌い、ただ一語一語はっきり熱を込めていう。それが人の心を打った。

「誠なれただ誠なれ誠なれ、誠、誠で誠なれかし」という道歌を彼が好んだと、記憶している教え子がいる。「失意泰然、得意冷然」を記憶する者もいるし、「以春風接人、以秋霜自粛」を今もって座右の銘にしている人もある。

「顔を直せ」という語も、しきりに口にしたという。容貌を整え体裁を飾れという意味

でなく、阿南の言おうとするのは、人は人格を錬磨修養することにより、よい顔ができてくる、それを目指せ、ということである。

いたずら盛りの幼年学校生徒はもちろんのこと、士官学校生徒にもときには退屈な、わけのわからぬ説法であったろう。後年になって、教え子たちがかつての生徒監を囲んで酒席で吊るし上げたとき、

「まあ、勘弁しろよ。あのときの俺は、二五歳の若僧だったからな」

と頭をかいたというが、己に厳しく、人に求めるところの少なかったこの人らしい弁解であったろう。

自らがもち出した金言ではなく、悪友が奉った名言に「一穴居士」がある。阿南の愛妻ぶりはそれほど有名であった。初めはおそらく多少の口惜しさと嘲笑まじりに悪友たちが言ったのであろうが、これを崇敬にまで昇華させてしまうところに阿南の真骨頂があった。そんな経緯を伝えるエピソードが、角田房子氏の『一死、大罪を謝す』に語られている。

大正一四年（一九二五）、阿南は中佐、参謀本部第一部演習班長であった。ある日、部下の班員とともに、旅宿で、酒盛りからお定まりのコースという羽目にあう。翌朝、詮索

好きの若い将校が、阿南の相手をしたであろうはずの女を〝追跡調査〟したところ、女は、「お茶を一つ召し上がっただけですぐお帰りになりましたが、お金だけはちゃんといただきました」

と答えた。さすがは阿南班長だと、班員一同が感じ入ったというのである。

自分は濁遊しない。しかし、人にまで「やめろ」と説教がましいことは言わぬ。座を白けさせないし、女に恥もかかせない、そんな思いやり、さらには営業妨害にならぬよう払うべきものは払う誠実さ、〝一穴居士〟阿南の人となりをよく物語る話であろう。

生涯を通じて、阿南は武人でありたい、武士道に徹しようと心がけた。いたずらに孤高を誇ることもせず、黙々と与えられた役割を果たすことを第一義とした。その生涯を通じて抱き続けた信条は、大義であり、初一念である。男には名利や損得勘定にとらわれず、なすべきことがあるという思想であった。

その人が二・二六事件の混乱の後始末として、人格の輝き一点だけをもって、どろどろしたものの渦巻く軍政の舞台に引っ張り出されたのである。

阿南が表舞台に登場した昭和一一年（一九三六）は、思ってみれば、大変な年であった。その年、日本は本格的な戦争に備えて大きく一歩を踏み出した。ロンドン海軍軍縮会議からの正式脱退に始まり、二・二六事件。その結果として、軍の強硬な要求のもとに進められた国防国家体制の整備、そして八月の五相会議（首相、陸相、海相、蔵相、外相）は「国策大綱」を決定し、ソ連・中国・米英に対する巨大な攻勢プランをまとめ上げた。これは、そのまま太平洋戦争につながる大方針である。一一月には日独防共協定が結ばれ、米英勢力と対抗して地球を二分するに至るのである。

　陸軍省兵務局長になったのが昭和一一年八月、そして八カ月後に人事局長に転じた阿南は、この滔々たる軍事大国への歩みのなかにあって、なすところがなかったと思われる。

　ただ公私を混同しない厳正な勤務態度をかたくななまでに守り続けた。三鷹に家を建てた阿南は、局長の顕職にありながら吉祥寺駅から四ツ谷駅までは電車を利用し、四ツ谷駅から官用自動車に乗るのを通例とし、居合わせた陸軍省勤務の部下将校を同乗させて、陸軍省に登庁した。退庁時もまた同じことを繰り返した。

　四囲がアッと驚くような剛毅さを示したこともある。兵務局長のときのことである。広田内閣が倒れ、宇垣一成《うがきかずしげ》大将にいったんは組閣の大命が降下した。にもかかわらず、陸軍は、陸相を出さないことで組閣を流産させるという強硬策をとった。昭和初年の宇垣軍縮に対する反感もあったし、反陸軍構想を打破するための非常手段でもあった。と

ところが、この処置に対する内部告発の声を上げたものがいた。阿南である。軍紀の総元締として、

「陸軍が大命に抗するような行動をとるべきではない」

と断固として言い放った。強硬派から「阿南局長の態度は優柔不断である」とすさまじい批判の火の手が上がったが、間もなく鎮静した。阿南をよく知る人たちが声を封じ込めたというのである。なかに石原莞爾《かんじ》中将の名が見られる。

陸軍きってのカミソリの石原と、悠揚たる大器の阿南、性格において最も対照的な二人は、どこか心に触れ合うものがあったらしい。人の世の組み合わせはまことに面白い。阿南は陸士一八期、石原は二一期、しかし、阿南の落第三回が機縁となり陸大三〇期は同期であり、石原はそのときの首席卒業。

先輩だろうと心に染まなければ人とも思わぬ石原が、阿南には一目置いていた。阿南のもつ円満な人格、それは石原にないものだった。

後の話になるが、昭和一九年夏、憲兵政治で猛威をふるった東条英機《とうじょうひでき》内閣が潰れて、小磯国昭大将に大命が降下したとき、小磯は陸相の人選を石原に問い合わせた。東条との確執で予備役となった石原は山形県に隠棲していたが、ただ一言、

「阿南の他に人なし」

と答えたという。

戦場で「勇猛の将」へと変貌し、中国戦線で勇名を馳せる「人徳の将」

ともあれ、いくつかのエピソードを残しつつ、阿南局長の軍中央での存在はさすがに注目を集め、「同期に阿南あり」の声が、陸士第一八期生の間に言われだした。職務に忠実であり、公平無私であること、率先躬行《きゅうこう》したこと、彼がなし得たことのこれがすべてであろう。そうすることで、長年月をかけて鍛えこんだ彼の資性が、ようやくに光を増して輝き始めたのである。

しかし、時代は大成を待っていてはくれなかった。昭和一二年北京郊外蘆溝橋で発せられた一発の銃火が、日本を大規模な全面戦争へと追い込んだのは、阿南が人事局長に移ってまだ四カ月目のことであった。

この人事局長時代に阿南は中将に進級した。しかし中将への関門である将官演習において、成績は辛うじて合格というところであった。陸大時代においても、戦術問題を大の苦手とし、彼の樹《た》てた作戦は奇略縦横というわけにもゆかず、いつもなんの変哲もない正面攻撃である。彼は理論家ではなかった。行動の人であり、瞑想の人ではなかった。

こうした戦時下の中央にあること二年余、昭和一三年一一月に阿南は陸軍省を去り、第百九師団長として中国大陸に出陣した。あとに無色の人格者という強い印象のみを残した。以来一九年一二月に航空総監として中央に戻るまで（途中一年余の陸軍次官としての内地帰還はあるが）ほぼ四年半を阿南は戦火の第一線において送るのである。

阿南の指揮する第百九師団が中国大陸で戦ったのは、朱徳、毛沢東、林彪らに率いられる山西軍四個師団である。精強の八路軍部隊を迎えて、装備粗悪で老兵が中心の新設師団は、絶えず積極的な戦闘を繰り返すことで対処した。

とくに名を馳せたのは、一四年五月の山西軍殲滅である。警備地区を後続兵団に引き継ぐことになったとき、さかんに反撃を続ける八路軍部隊をこのままにして申し送るのは道義上許せないとして、あえて壮大に展開した大作戦であった。奇策があったわけではない。さりとて猪武者の無謀な戦法でもなかった。周到の上に周到な準備を重ね、最前線にまで司令部を進め、そして戦機に全力を投入して勝ちとった勝ち戦であったという。

部下の口を通して、俘虜千数百名に、阿南は自分の信条を伝えさせた。

「国のため敵味方にわかれて戦ったが、個人としては何の怨恨のあるはずもない。十分な保護を保障する故に、安心して命に従うように」

と、巧まずして阿南のよき人間性が示されている。

軍隊指揮は、根本的には人間の問題である。指揮官と将校と兵たちとの間に相互信頼と理解と同情がなければ、勝利と栄光は得られない。阿南師団長は最前線の兵士たちにしばしばその姿を見せた。そして戦い終わった後は、義の人をあくまで貫いた。それがこの将軍が編み出した独特の戦法であった。

さらに中国戦線で、阿南が勇名を馳せた戦闘が、昭和一六年一二月末に再び生起している。第二次長沙作戦である。ときに阿南は第十一軍司令官。戦闘は、太平洋戦争の緒戦ともなった香港攻略戦を援護する形で戦われた。香港を目指して進撃中の第二十三軍の本拠地広東《カントン》を、蔣介石軍が北から攻撃をかけようと蠢動《しゅんどう》した。阿南は、これを牽制すると同時に、好機とみて会戦撃破を意図したのである。

作戦目的はあくまで牽制にあったが、むしろ好機と判断し進撃に移ったのは、阿南の独断によるものだった。しかし、攻撃に移った第十一軍の将兵を待っていたものは、豪雨、寒気、暗黒、そして吹雪であった。麾下《きか》の第六師団長神田《かんだ》正種《まさたね》少将は回想する。

「最初は軍前面の敵の掃蕩程度の予定で、作戦期間も一〇日ぐらいと予定せられ、軽装備で出動したのであったが、敵が退避作戦をとったので、中途にわかに長沙進撃を命ぜられ……」

それだけに先頭を切った軽装備の第六師団は、かえって重慶軍の重囲の中に陥り、ほかの師団も悪条件下で数倍の重装備の敵と苦しい戦いを展開せねばならなくなった。麾下の最前線部隊が包囲網を突破して生還できるか否か、最大の危機の日には、「泰然自若として、苦境に沈み勝ちな幕僚に接しては、春風駘蕩として慰撫激励につとめてきた阿南中将も、この日ばかりは憂色とみに深いものがあった」(防衛庁防衛研修所戦史室著『戦史叢書47　香港・長沙作戦』)と記されている。それほどの大苦戦に陥っている。

昭和一七年、太平洋における戦争の流れは、攻撃から防御へと大きく変わった――

日本陸軍の教育の指針であった典範令を通じる精神は「軍の主とするところは戦闘な

り。故に百事戦闘を以て基準とすべし」という点に存している。阿南はこの精神を忠実に貫いたのである。

作戦は昭和一七年一月一五日に終わった。戦死一五九一名、戦傷四四一二名は、苦闘のさまを彷彿させる。香港作戦の約二・五倍の死傷者である。しかし阿南は「独断長沙進攻ノ非難ハアランモ、牽制価値大ナリシニ満足ス」とその日誌に記すのである。そうした自己満足はともあれ、進撃作戦が結果的に失敗であったことは否めない。ただ苦闘を強いられたために、軍人としての阿南の思想は、より色濃く浮かび出ている。その統帥の根基は、道義と積極と率先躬行にある。包囲下の部隊を救うために、すでに脱出避退中の友軍部隊へ送った反転再攻撃命令は、戦術としては論議の余地は多分にありとしても、阿南の人格そのものから発せられたものであったのである。

「徳義ハ戦力ナリ」

阿南司令官がこの作戦から得た最大の教訓は、昭和一七年の従軍日誌に記されたこの一語である。

「将帥ハ利害ヲ論ズルヨリモ、先ヅ道義ヲ以テ判断ノ基礎トスベシ」

「戦場ニテ泰然タリ得ルハ内ニ自ラ信ズル所大ナルニヨル」

「積極ハ如何ニ務メテモ猶ホ神ノ線ニ遠シ」

教育者としての名言志向の残滓ではない。これらは、戦場の血と汗と涙のなかから、己の血とし肉として得た不動の思想というべきなのである。

しかし、阿南の思想はあまりに古風にすぎ、ピューリタンにすぎたのではあるまいか。とくに「徳義ハ戦力ナリ」という点にかんして。なぜなら、太平洋の島々では、戦力とは火薬と鉄の量であったからである。それにレーダーを含む情報能力、土木工事力。近代戦は道義をかなぐり棄てた非情の戦理によって戦われねばならなかった。

緒戦の勝利は夢のまた夢で、ミッドウェイで叩かれ、ガダルカナルの消耗戦に敗退した日本軍は、次の作戦を立てる間もなく、じりじりと後退を続けた。太平洋における戦争の流れは、攻勢から防禦へと大きく変わった。

ニューギニアでは、昭和一七年七月以来ポートモレスビーを目指していた南海支隊が、補給が続かず九月には反転。大本営は、そこに精鋭戦力を投入したが、それは補給能力を超える大作戦となった。長大な補給線は、連合国の航空機や潜水艦に好餌を与えるだけで、ズタズタにされた。阿南大将（一八年五月進級）の率いる第二方面軍が、米軍との正面戦場であるこのニューギニア方面に転出したのは、戦勢より悪化の一途をたどる昭和一八年一〇月のことである。

長沙作戦を終わった年の夏に方面軍司令官となり、そのときからこの南方への転進命令を受けるまでのほぼ一年半、阿南は北満にあって対ソ連の兵備訓練を指揮していた。その間に、戦局は逆転、最悪となりつつあったのである。大本営はその年の九月末に「絶対国防圏」を設定した新作戦方針を採択、決戦のための鉢巻きを締め直した。阿南軍の転出は新作戦によるものであった。

大本営は、絶対国防圏の防備を必死に急がせたが、軍需資材は底をつこうとしている。なにより米軍の進攻が加速度を増し、兵員の養成も兵器の装備も間に合いそうにはなかった。頼みとするのは日本人の精神力のみ。それだけに阿南大将の最前線進出は大きな期待をもたれたのである。

大本営第二十班の戦争指導日誌は記している。

「阿南将軍ヲ対米第一線ニ推戴スルニ至ル。皇軍ノ歓喜ナリ。真田《さなだ》（穣一郎・参謀本部作戦部長）少将ハ『将軍ノ出馬ハ一、二箇師団ノ兵力増強ニ優ル』ト。宜《むべ》ナル哉《かな》」

しかし、積極作戦の闘将をもってしても、ただちに好転するような戦勢ではなかった。ニューギニアの戦いを詳しく記す余地も必要もないが、そこに展開されたのは字義通り酸鼻な〝地獄の戦闘〟であった。

たとえば安達二十三《はたぞう》中将の率いた第十八軍である。一〇万余の大軍がニューギニアに上陸以来二年半にわたって転戦、瘴疫の地で悪戦苦闘を続け、ついに一万数千余を残すのみになる。なお、一つの組織体として戦力を維持し力闘を繰り返している。安達中将は生き残った全将兵に命令した。

「健兵は三敵と戦い、病兵は一敵と戦い、重患といえどもその場で戦い、動き得ざるものは差し違え、各員絶対に虜囚となるなかれ」

昭和一九年五月のビアク島では肉弾に次ぐ肉弾で徹底的に戦い、玉と砕けた。主力一個連隊二千余で、三万の上陸軍を迎え、一カ月余も猛闘を続けたのは、人間業とは思えない。アメリカの戦史は「砲弾が四隣に落つるを意とせず、日本兵は単身壕の内に頑張って決して退却しなかった」と、猛抵抗の様を描いている。

こうした第二方面軍麾下部隊の死闘を、海をへだてたセレベス島の司令部にあって、阿南はどんな気持で見つめていたことであろう。一首が日誌に残されている。

「惜しからぬ老いの身一人永らへて行末永き若人の散る」

もちろん闘将が無策のまま拱手《きょうしゅ》傍観しているはずはない。成功の目途が皆無とわかっていようと、なお麾下の無傷の部隊をニューギニアに送り込もうとし、大本営命令で中止させられたこともあった。大本営よりの派遣参謀とは満面朱をそそいで激論した。

また、独自の判断で自分のもつ一〇隻内外の大発（大型発動艇）だけで必死の増援に務め、二大隊をビアク島に送り込んだ。海も敵地、空も敵地の下にあって、夜間だけの星を頼りの派兵であったと知れば、作戦の大胆さが察せられる。阿南の徳義と敢闘の精神では、しかし、やるべきことはすべてやらねばならないのである。

こうした第一線の苦闘をよそに、大本営は次々と作戦方針を変更した。昭和一九年五月五日「第二方面軍ヨリ東部ニューギニアノ持久任務ヲ解ク」と絶対確保の線を後退させたかと思えば、四日後には、さらに確保線を後退させ、ニューギニア北西部のマノクワリ、ビアク島を国防圏外に放棄するといった有様である。

阿南は大本営の統帥のあまりに無定見、無方針で、しかも細部に干渉しすぎることに、自らペンをとって第二方面軍の機密日誌に、「大本営の統帥乱れて麻の如し」と書き入れている。悲憤がこの一行に溢れている。

その乱れて麻の如き作戦指導に対して一言半句も触れることなく、最前線の指揮官は責を己一身に課し、断乎たる突撃命令を出し続け、戦い続けているのである。兵はまた黙々として従った。進むも死、退くも死、いずれかのほかに道がないならば、武人の道は進むをとる。

祖国の運命の危うきに瀕するとき、たとえ一兵にすぎずとも戦力のある限り、これを動員して戦う。軍の主とするのはまさしく戦闘であった。そのことが皇軍たる真のゆえんであることを阿南は現実のものとして、第十八軍やビアク島守備の将兵の敢闘のうちに見るのである。

「絶対国防圏」の防衛を放棄、自滅しつつある陸軍は、「統帥は徳義なり」を信念とする阿南を中央に呼び寄せた

ビアク島に米軍上陸が必至の情勢となったとき、守備隊長葛目《くずめ》直幸《なおゆき》大佐は、

「われらは必ず彼らを撃攘《げきじよう》しますから、どうぞご安心下さるよう阿南閣下にお伝え下さい」

と、むしろ総指揮官を励ますような一言を送っている。阿南の統帥を信頼しているからこそ、この言がある。事実、強引に上陸してくる米軍を海岸線で撃退すること数回に

及ぶ団結の闘魂を示した。葛目の阿南への信頼、部下の葛目への信頼が、この大いなる団結を生んだ。真の偉大さは徳がなくては達成できぬものなのである。

阿南はビアク島防衛のための兵力輸送を強硬に主張し続け、積極作戦思想は圧倒的な米軍の攻勢を前にしても毫《ごう》も揺るがなかった。大本営は、しかし、六月二五日ついに絶対国防圏の防衛を放棄した。安達中将の第十八軍も、葛目大佐のビアク島守備隊も、圏外に棄てられたとも知らず死闘を続けねばならなくなった。

言うべき言葉もなく、ただ見守るだけの阿南。徳の人だけに胸に嚙まれる思いの日々であったであろう。しかし、悲痛この上ない事態が阿南の人間性を一回りも二回りも大きくし、それにともなって阿南の声望はいよいよ高くなった。たしかにリーダーシップとは、ある目的のため人々を団結させ得る能力であり、強固な意志の発現にある。信頼を起こさせる人格の力である。しかも生来備わったものではなく、指導者はつくられるものである。

無色の将軍であったがために、強運もあって、三段跳びにいうホップする機会を陸軍部内でつかんだ。中国大陸や、南十字星下の戦場で、徳将は死闘する部下たちに強力な指導力発揮というステップを踏んだ。そして大きくジャンプせねばならないときが、やがて訪れてくる。

それが、阿南大将に幸いしたかどうかについては明確にいうことはできない。しかし戦争も終局に近づき、危急にさいし国内政治力を失墜した陸軍が、求めたのはだれもが非を認め得ぬ無比の人格だけであった。阿南という人物のもつ直截、温かみ、自然さは、彼に反対するものさえも魅了した。

昭和という時代を派閥抗争と政治野心によって滅茶苦茶にし、そして自滅しようとしている陸軍は、土壇場になって最も反派閥的な、反政治的な将軍にすがるほかはなかった。国内輿論《よろん》において不満と批評のみが渦巻く軍そのものを、一枚岩にまとめねばならないのである。

阿南は前線の闘将であり、政治的な智将ではない。軍人には一定の行動規範があり、そのなかで徹底的に訓練される。軍人の団結意識は訓練によってつくられ、教育によって磨かれ、ともに耐えることで危機に打ち克つ能力が授けられる。真の軍人は、己に対しても他者に対しても、常に誠実であることが第一に要求される。危機にあっては戦友を平気で見棄てたり、陰謀を企てたりすることは金輪際許されない。阿南の言うように、徳義はまさに戦力なのである。

しかし、政治の世界とは異質の場なのであろう。政治とは、不誠実と陰謀とがどろどろと混じり合った、荒っぽく、タフな仕事である。阿南は全陸軍の輿望を担って、統帥は徳義なりの信念を胸に、いまその世界へ足を踏み入れようとするのである。

陸軍大臣に阿南惟幾大将を、という要望は、東条内閣の末期から部内の一部の間に極めて高かった。若手将校にあっては熱烈な信仰的ともいうべき推挙の声となった。しかし、政治的軍人でない大将の人となりを知るゆえに、希望の声を正面から押し立てるときではなかった。

その声が陸軍省内に大きく広まってきたのは、東条内閣の崩壊からである。しかし、阿南は遠く第一線にあったし、後任問題も複雑にからんで見送られ、小磯内閣の陸相にはご都合主義人事がとられた。教育総監になったばかりの杉山元《はじめ》元帥を起用ということでお茶を濁したのである（このとき米内大将は現役に復帰して海相となっている）。

内地を遠く離れていても、陸相に阿南をの声があることは、本人の耳にも入っている。その日誌にこんな文字のあるのが、阿南の自己観察として興味深い。

「予ヲ陸相ニ擬スルモノ多キモ、重要作戦任務ヲ拝命シテ任ヲ尽サズ。豈《あに》何ゾ甘受シ得ンヤ。勿論《もちろん》其《そ》ノ器ニアラザルヲ自ラ識ル」

その器に非ずと、大将がいかに認識していようとも、それに関係なく、阿南をとにかく中央へ戻しておけの声はやがて実現する。昭和一九年一二月下旬、航空総監に転補の内命が届けられた。

将軍が戦場を去ったのは、その年も押し詰まった一二月三一日である。「多数ノ若人ヲ失ヒ、生キテ再ビ皇土ヲ踏ムノ面目ナシト迄覚悟セシ身ノ、今栄転ヲ忝《かたじけの》ウス」と日記に偽りのない気持を記した大将は、その日、司令部を出て車中の人となった。残月が西天に名残を惜しむかのようにかかっていた。

月さへもわれを見送る大晦日

月を振り仰いで即吟した阿南は、

「句になっているかな……」

と、副官の顔をのぞいたという。どこまでも虚飾を知らぬ人であった。その日以来、阿南は簡単なメモ以外、くわしい日誌を書き記していない。彼を迎えた昭和二〇年は、一個人のそぞろの感慨よりも国家の運命そのものに真剣に立ち向かうことを時代が彼に要求していたからである。

破局はそこまで来ていた。だれにも止めることはできない物凄い力で。

昭和二〇年四月の、鈴木貫太郎内閣成立後の、首相官邸前の記念写真を見ると、異体なものを感じる。留任の米内海相が首相の左隣にいるのに、新任の陸相阿南大将は最後尾に顔をのぞかせるようにして立っている。戦力をほとんど失った海軍と、来るべき本土決戦で主体となって戦わねばならぬ陸軍。陸相の立つ位置は当然のことながら首相の右隣でなければならなかったはずである。陸相の実直さ、謙譲さをみるべきだろう。五八歳の陸相より閣僚の多くは年長者であった。礼儀を重んずべしの軍人勅諭を身に体した陸相には、その位置がごく自然であったのかもしれない。

絶望的な内部批判をする一方で、終戦への道に苦慮する

しかし、今思うと、このことは象徴的である。ニューギニアで敗れ、サイパンを奪われ、フィリピンは絶望的、自信をもってしかけたインパールでは悲惨な敗走を続けている。今また、新たな決戦場となった沖縄の確保の自信もない。陸軍に対する不信とその政治力の低下は蔽うべくもなかった。

鈴木貫太郎内閣組閣時の記念写真。阿南陸相は後列右から2番目に見える
提供：朝日新聞社／時事通信フォト

小磯内閣倒閣直後の、戦中最後の重臣会議でも、陸軍はついに、後継首相を海軍の老提督にゆだねなければならなかった。東条元首相が、

「陸軍がそっぽを向く虞《おそ》れあり、陸軍がそっぽを向けば内閣は崩壊すべし」

と威嚇的に最後の抵抗を試みたものの、重臣たちはこれに動ぜず反撃した。

「この重大時局大国難に当たり、いやしくも大命を拝したものにそっぽを向くとは何事か」

と言い、

「そんなことがあれば、国民のほうがそっぽを向くだろう」

とやり返した。

陸軍には、できることなら現役陸軍大将を

首班とする内閣の出現を待望する空気があった。しかし、主張するほどに公的かつ強固なものではなく、単なる希望にすぎなかった。

航空総監としてこの日まで、国内外の情勢を見極め続けてきた阿南は、この時点でどんな判断と理念をもっていたのであろうか。和平派の米内を斬れといった言葉から、狂信的な石頭、頑冥な徹底抗戦派の闘将とみる見方があるが、それは正しくはない。

昭和二〇年一月下旬、東久邇宮《ひがしくにのみや》の質問に答えた阿南の述懐は、よく彼の戦局観を語っている（『東久邇宮日記』より）。

「（今日の窮境に陥った原因の一つは）陸海軍が真に一致協力しなかったからだ。陸海軍がトコトンまで議論を戦わして、両者がともに納得した案をつくらず、多くは中途半端な妥協案をつくり上げたからである。それで表面は一致協力したようであるが、実は、陸海軍ともに本気にならないのが原因である」

「大本営の決心、処置は遅く、東京において机上、図上で行われるので、現実の実情に即しないものが多い。しかも現地軍の意見を顧みず、ただ天皇の大命によって強行するのはもっとも不可である」

語られているのは彼の絶望的な軍内部批判である。さらに根本原因について、

「士官学校、陸軍大学の戦術教育が間違っていたのである」

と言い切っている。

「教官の質問に対し、適当な解答をしたものが優秀な成績を得るようだったが、これは常に受け身に立つ習慣をつくり、自発的、積極的に立つ教育を受けていなかったので、実敵に直面するとき、常に後手後手となり敵の後塵を拝することになりやすい。また、学術の研究に走り、精神的鍛錬を欠き、才子的頭脳の鋭敏なものが成績優秀とされ、精神的要素があまりにも顧みられなかった。これらの将校が、陸軍中央部の枢要の地位を占めていたことが、今日戦況不振の根本原因となったのである」

そして陸相になった阿南は、全陸軍に反省を求めた。

「反省は勇なり、意志を要す。正義なり、誠心なり。反省は自ら屈するものにあらず。この勇とこの意志とありて、また、この正義とこの誠ありて、国民と一体となり、邁進し得るものなり」

徹底抗戦によって勝利を得る、そんな誇大妄想は陸相には毛ほどもなかった。陸相就任当初から、終戦に関しその意図のあることを周囲に洩らしている。鈴木首相の大臣秘書官となり、陸相との連絡役でもあった松谷誠《まつたにせい》陸軍大佐の証言がある。それによれば、陸相は本心を吐露し、「終戦の条件としては、国体護持以外は無条件の腹を決めること」に異存はないと語っている。

問題は陸軍中央部の中堅組である。これをいかに統制して終戦までもっていくべきか、そのことを陸相は苦慮し、

「上のものは問題を甘くみすぎるというが、心に思ってもこれを口に表すと外への影響が大きい。（だから終戦のことは口にしないが、その時がきたら）ペルリが来訪したときの徳川幕府のようにはなりたくない。あくまで堂々と善処したい」

と言った。ここに陸相の大義があり、初一念がある。

わかり合えなかった陸相と海相——「武人であるならば」を米内に絶えず要求した阿南

〝終戦内閣〟と心ある人には期待されながら、鈴木内閣のとった政策は迂回や停滞に満ち、酷評すれば無計画で無責任なものであった。それもある意味ではやむを得ない。全国的に及んだ空襲に対する対策など、ただちに着手せねばならない問題が眼前に山積し

ていた。さらにドイツの降伏。そのなかで、彼らは降伏に向かってよろめき続けながら、外の勢いに押されて、少しずつ近づいていった。

それを詳しく書く要もないであろうが、和平の仲介者としてソ連に期待し、接近した政策もその一つである。溺れる者は藁《わら》をもつかむの愚策ではあったが。

この案を議するため、五月一一日から前後三日間、鈴木内閣は組閣以来初めての戦争指導会議をもった。これまでの最高会議は幹事あるいは幹事補佐と称して幕僚グループが列席するのを例としたが、このときから首相、外相、陸相、海相、参謀総長、軍令部総長の六人だけとし、忌憚なく論じ合うこととなった。そして内容は一切下僚に洩らさぬことを約し合った。

このことを阿南陸相は忠実に守った。この人らしく律儀に守りすぎた。そのため、中堅の参謀クラスはもちろん、陸相次官や軍務局長にいたるまで最高首脳の和平工作についてまったく関知することがなかった。そのことが、陸相をのちに苦境に立たしめるのである。

なぜなら、陸軍中央部はひたすら本土決戦にのみ没入し、八月九日の天皇の和平決意を青天の霹靂として受け止めねばならなかったからである。これを君側《くんそく》の奸《かん》（宮中グループ）の謀略と考えたのも理由なしとはしないのである。
先を急ぐときではなかった。会議の席上に戻ろう。参謀総長・梅津美治郎大将がソ連参戦を防止するための外交工作を要請したことにはじまった会議は、東郷茂徳外相の、

「対ソ施策はもはや手遅れであり、軍事的にも経済的にも、ほとんど利用し得る見込みがない」

との反対によって紛糾した。米内海相は、大いに見込みがある、と論じ、

「海軍としては単にソ連の参戦防止どころではなく、できればソ連から軍需物資、とくに石油を買いたいとすら思っている」

と言った。

外相は反論した。

「ソ連に甘い幻想を抱いてはいけない。それよりも、日本の現状はもはや終戦工作を開始すべき時期に達していると考える。そのために、わが国が受け入れられる講和条約の最低線を決めておくべきだと思う」

海相が重い口を開いて直截に言った。

「講和の条件についてなら、本土だけになっても国体が護持できたら我慢しなければな

らない」

陸相は勇ましく海相に反発した。

「いや、条件の決定ということならば、日本が戦争にまだ負けていない点から出発することを忘れてはならぬ」

公式の席で終戦という意志が表明され、条件が話題にのぼった最初である。それはまた、陸相と海相が終戦をめぐって論を戦わせるはじまりともなった。

こうしてソ連への工作については、首相の裁断によって、ともかく当たってみることと決した。この決議が基本となって、なぜか終戦工作はこの後もこれ一本となり、ズルズルと、近衛文麿《このえふみまろ》公爵のソ連派遣の全権決定という大詰めまでいく。その深刻かつ喜劇的な判断について笑うのは結果論であり、彼らはギリギリのところでソ連を恃《たの》むほかはなかったのである。

それはともかく、陸相と海相の論議はこの日以来延々と続けられる。形容すれば〝腹を打ち割った〟としたいのであるが、仮にそうであったとしても、はたして互いに互いを理解できたかという点については疑問なしとしない。

性格の違い、あるいは出身が九州（陸相）と東北（海相）という〝水と油〟的な気質の差もあったろう。または、米内の「くどくどと説明をつけず、結論だけをぽきりぽきりと折って出す」(高木惣吉元海軍少将の談)ものの言い方に原因を求めてよい。海相の話し下手は陸軍部内に「陸軍に対して素気《そっけ》ない。激しすぎる」印象を与えていた。

陸相のほうにも問題がある。噛んで含める言い方、名言癖、そして理由が抽象ないしは信念的であり、説得性や合理性に欠ける憾《うら》みがあった。

米内海相は昭和一五年に首相の座を下りてから、一九年小磯内閣組閣で現役復活、海相の椅子に就くまで、ずっと舞台の裏側にあった。が、重臣の一人として、海軍の長老として、岡田啓介海軍大将につながる反陸軍の政治工作の中心として、また天皇側近につながる宮中グループの一員として、見事な政治性と先見性を身につけている。

日本の政治とは所詮は人間のつながりである。前線の将軍で終始し、血とぬかるみのなかを、自分についてくる忠誠な将兵だけを信じてきた慈父のような武人、その阿南に米内のような政治性を求めるのは筋違いというものである。

陸軍部内においてすら、阿南の政治力は無に等しいといってよい。「東条幕府」の失墜このかた、信頼を失い、政治力の地に落ちた陸軍が、自らの解体を防ぎ、天皇の信頼をなんとかつなぐべく選び出したのが、〝徳義の人〟阿南であったにすぎない。彼に政治力がないことはわかっていた。

阿南は心奥において、米内に絶えず「武人であるならば」を要求した。ところが、米内は軍政家としての阿南をひそかに期待した。そして二人はついにわかり合えなかった。戦後、米内は友人の小島秀雄少将に語ったという。

「阿南について人はいろいろ言うが、自分には阿南という人物はとうとうわからずじまいだった」

と。阿南もまた米内観を生前に率直に語っている。

「米内はいかにも小心である」

「海相は強い意志力をもっていない」

思えば不幸なことである。二人にとって、いや、戦中の日本人にとって。

ポツダム宣言の条件を前にして、阿南陸相の心、初一念は「国体護持」に定まった

ポツダム宣言が東京の中枢神経を震撼させた翌日の運命の朝（昭和二〇年七月二七日

午前八時）は、昼の暑さを偲ばせるカラッとした晴天であった。当然来るべきものが来たなと感じながら、政府と軍部は宣言を受け止めた。問題は三つの点に絞られていた。

第一は天皇の将来の地位。宣言では不明瞭のまま残されている。しかし、日本帝国のこれからの政体については「国民の自由に表明せる意思に従い、平和的な傾向を有しかつ責任ある政府」の樹立を約束している。

無条件降伏についてが第二の問題点であった。この用語が宣言の中では一回しか出てこない。最後の一節に「日本国政府がただちに全日本国軍隊の無条件降伏を宣言し」とある。推論すれば、無条件降伏は軍に対して用いられているだけとも考えられる。

注目すべき第三の点はソ連であった。日本の指導者はすべて期待をソ連を仲介とする和平工作に賭けている。宣言に名を連ねていないのは、ソ連が日本に対して依然として中立を維持することを意味するのではないか。

その日の最高戦争指導会議も、続いて開かれた閣議でも、さまざまな論議はあったが、結局、東郷外相が提案した通り、ソ連に仲裁を申し込んでいるのであるから、ソ連政府からの回答を見た上で宣言に返事をしても遅くはない、この際は事態の推移を見守ろうということになった。政府の態度は〝静観〟に決まった。

就任以来、この日のくることを覚悟し、いかに乱れず争わず粛々と、皇軍の名誉ある敗戦を完成すべきかに腐心していた陸相の心はここに定まった。名利や利害を超えて軍人としてなすべきことは何か。国体を護持する、この初一念である。

無条件降伏に関する最も重要な問題は、天皇であり天皇家なのである。

ポツダム宣言は「国民の自由意思」に天皇の存在がゆだねられるというが、天皇は国民が決めるものではない。すべてが曖昧模糊としている。天皇の身柄に対する確実な保証なくして、いかなる声明も宣言も一片の紙切れでしかない。軍が無条件解体してしまった後で、国体改革を迫られたなら、だれがこれに抗することができるというのか。はたして天皇の身柄はどうなるのか。皇位と皇統はどうなるのか。

大戦初期のソ連によるバルチック諸国四カ国攻撃のことが想起される。議定書や条約文はホゴとされ、それを信じて軍隊を解体したエストニア、ラトビア、リトアニアの三国は、ソ連軍の鉄のベルトで締め上げられ、なすところがなく亡んだ。

だがフィンランドはどうであったか。巨人ゴリアテに対するダビデ少年の戦いといわれ、無謀視されながらも、敢然として立ち上がった。一〇万以上のロシア軍はただ一握りのフィンランドの防衛軍に痛打を与えられ、追い返された。世界はその英雄的な祖国防衛戦争に心からの声援を送った。世界注視のもとに、最後の瞬間まで断乎として戦ったため、誇り高きフィンランドは敗れたとはいえ尊い独立を護り得たのである。

近くはイタリアの降伏、さらにはナチス・ドイツの降伏があった。連合軍総司令官アイゼンハワー大将は、ランスにおいて降伏文書に署名するドイツ陸軍参謀総長ヨードル大将に言った。

「降伏条件が苛酷極まるものであることを承知しているか、また、履行する用意はあるのか」

ドイツ代表は短く答えた。

「承知している」

こうしてかつての盟邦ドイツは、新政府を認められず、一切が米英ソ仏の四国の軍政下に引き据えられた。幾百万という捕虜は徒歩で本国へ追い返され、あるいは戦後復興の〝奴隷〟として、イギリス、フランス、そしてソ連へ送られ、国民はやっと生きるだけの食糧を与えられ、地面を這いずり回っていると日本に伝えられていた。イタリアの悲惨はそれに勝る。

敗戦の実相とはそのようなものなのである。阿南は、それゆえに、「いま一度の勝ちどきをあげ少しでも条件を有利にして、戦争終結を計るべし」を力説するのである。陸相の言う本土決戦は、水際作戦である。本土に引き込んでゲリラ戦も辞さずという参謀本部の考えとはやや異なり、ただの一撃である。

この陸相の戦術観をより確固とさせるものに、かのビアク島における水際迎撃戦があった。陸相は葛目部隊の奮戦をまざまざと脳裏に描いている。

五月中旬の九州出張では地上兵団に対して「水際に陣地を推進せよ」と強く指導した。七月下旬の東北・北海道出張でも、艦砲射撃を恐るるなかれと、第一線の海岸線進出を指揮し、札幌では一参謀をして「言ハレルコト神ノ如シ」と感嘆させている（ちなみに、これらの出張は隠密である。士気鼓舞のための新聞発表などは売名にすぎぬと固く禁じた。陸相の面目をみることができる）。

「戦争終結を考えない決号作戦（本土決戦）というものはあり得ない。決号作戦のための決号作戦ということはない」

陸軍省軍務局戦備課長・佐藤裕雄《さとうひろお》大佐に語ったという陸相の言葉は、そうした戦争観を裏付ける。そしてポツダム宣言の条件を前に、天皇を守るため、いよいよその信念を強固にするのである。

原子爆弾投下とソ連参戦――行きつくところまで行きついた日本の運命

昭和二〇年八月六日午前八時一五分、広島に原爆投下さる。八月九日午前零時、和平仲介を期待したソ連から日本へ届けられたものは、国境を越えて、無数の砲口から放たれた砲弾である。知らせを受けたとき、阿南陸相は平静な面持ちで、

「来るべきものがついに来た」

と、静かに言った。原子爆弾とソ連参戦、日本の運命は行きつくところまで行きついてしまった。

天皇は内大臣木戸幸一を呼び、戦争の収拾について決意を語った。過ぐる六月二二日、天皇の召集による最高戦争指導会議で、天皇はすでに戦争終結の意志を明らかにしてあった。その日以来、宮中グループの和平への歩みは着々と整えられていた。大元帥の軍服に身を固めた天皇が木戸と戦争終結策を話し合っているとき、長崎に第二の原爆が投じられた。

同じころ最高戦争指導会議が開かれており、ポツダム宣言受諾をめぐって静かな論争が戦われていた。首相、海相、外相は、一、国体護持のみを留保条件として受諾説をとったが、陸相、参謀総長、軍令部総長は原則として受諾を認めるが、ほかの三条件を付すべきことを主張した。二、保障占領区域の制限、三、武装解除、四、戦犯処置は日本人の手に任せること――であった。

これらの四条件は国体護持のためのギリギリのものである。それもなく、ひたすら無条件に頭を下げるのでは、と陸相は考える。それは天皇に対して、国に対して無責任という以外の何ものでもない。陸相は説いた。

「臣子の情として、わが皇室を敵手に渡して、しかも国体を護持し得たと考えることは、なんとしてもできない。……ソ連は不信の国である。米国は非人道の国である。こういう国に、保障なき皇室を委《まか》すことは絶対に反対である」

一、以外の条件を出して決裂した場合はどうするのか、と外相は質問し、陸相は最後の一戦を交えるのみと答えた。勝つ自信はあるのか、勝利は確実であると断言するわけにはいかぬが、敗北必至とも言えないのである、という応酬が続いた。雄弁を振るうものはなく、すべては沈んだ調子であった。

午後の閣議でも同じ議論が続いた。陸相は、ソロバンずくでは勝利のメドはない、と言い、しかし死中活を求むる戦法に出れば戦局を好転し得る、と闘志をなお示したが、海相は、

「物心両面より見て勝ち目がないと思う。戦争は敗北している」

と戦意をとうに放棄していた。陸相はこれに、

「敗北とはけしからぬ、訂正されたい」

と主張し、「不利」と海相に訂正させる一幕もあった。

この論法はそのまま、八月一四日、降伏決定後の詔勅案の字句をめぐる論争でも繰り返されている。原案の「戦勢非にして」を陸相は、

「この案では今までの大本営発表がすべて虚構であったということになる。それに戦争は負けてしまったのでなく、ただ現在好転しないだけの話である」

という理由から「戦局好転せず」と訂正すべきだと頑張った。

このときも、海相は訥々としながら敗北を語った。もはやわが国は崩壊に瀕していると言ってもいい。沖縄は？　ビルマは？　残念ながら一敗地に塗《まみ》れたと言っていい。では本土決戦？

「これとても勝算はまったくない。これで戦争はなお負けていないということはできないと思う。明らかに負けておるのであり」

陸相は抗弁した。

「個々の戦闘では負けたが、戦争の勝負はついていない。陸軍と海軍ではこのへんの感覚が違うのである」

正確には、第一線で戦い続けてきた戦将と、内地にあって傍観視していた政将との感覚は違うのであると、阿南陸相は言いたかったのであろう。

太平洋の島々や大陸では、すでに多くの将兵が散華し、今なお三百万余の将兵が義務の命ずる以上の戦闘を続けている。しかしなお「戦局好転せず」、天皇の命令でやむなく終戦と決するのである。陸相はそう言いたいのである。

将軍阿南は、ビアク島の惨たる玉砕戦や、比島の山奥で頑張る山下奉文《ともゆき》軍や、幽鬼のように痩せ、目だけを光らせ、砲弾と泥の中で最後の敢闘をしているニューギニアの第十八軍の将兵のことを想起したに違いない。そして今この瞬間にも、多くの若者が死んでいこうとする。だれのために、何のために。彼らの献身を無にするようなことはできぬ。海相のように戦意を放り出すのは、軍人として許せぬことなのである。

ともあれ、すべての論議の結論はすでに周知のように天皇その人がつけた。

「これ以上戦争を続けることは、わが民族を滅亡させるのみならず、世界人類をいっそう不幸に陥れるものである。自分としては国民をこれ以上苦しめることは忍びないから、速やかに戦争を終結せしめたい」

一〇日未明の御前会議の天皇の決定によって、日本の進路は定まった。

戦争終結を訓示した阿南陸相は、「不服の者は自分の屍を超えてゆけ」と叱咤した

陸軍中央の受けた衝撃は大きかった。陸相の誠実さから、六月以来の和平工作のジグジグの歩みも知らされず、ポツダム宣言以降にやっと終戦という国難に取り組んだ陸軍にとっては、急転直下の天皇裁断には、仕掛けられたものという感触があったと思われる。

御前会議を終え、地下防空壕から外に出た陸軍軍務局長がさっと鈴木総理に近寄り、「総理、これでは話が違うではありませんか」と噛みつくように言ったのも当然であったであろう。総理は温顔でニコニコしていたが、陸相がその間に入り、

「もういい」

と、軍務局長の肩を叩いて止めた。そう言いながら、己の政治性のなさに阿南は深い絶望を感じたにちがいない。

このあと陸軍中央の中堅将校たちはクーデター計画を練り始めるのである。陸相は陸軍省の部課員全員を集め、

「この上はただただ、大御心のままに進むほかはない。和するも戦うも、今後の敵方の回答如何による」

と訓示しながらも、クーデター計画を黙過し、その先頭に立つかのような言辞も与えている。西郷隆盛の心境がよくわかる、と――。

それを阿南の「腹芸」と評する人々も多い。腹芸でも演技でもなく、武人の阿南としては、いざとなれば実行する決意だったと思える。要は連合軍の回答如何なのである。即時終戦論者の言うように、陸相は天皇の安全に対する確信がもてなかった。阿南の初一念、天皇を守り抜く。そこには希望的観測といった甘い要素の入る余地はなかった。

御前会議のあと、ただちに閣議が開かれ、天皇裁断をそのまま閣議決定として正式に採択した。その席上、陸相は鈴木首相に、

「もし敵が天皇の大権をはっきり認めることを確認しえないときは、戦争を継続するか」と尋ねた。鈴木首相は、継続すると答えた。さらに阿南は米内に同じ質問をもって詰め寄った。海相は答えている。

「継続する」

阿南の大義と初一念が悲痛な叫びをあげているようである。

陸軍中央の中堅将校が立案したクーデター計画を陸相が目にしたのは、八月一三日夜のことである。計画は「日本が希望する条件を連合国側が容認するまで、交渉を継続するよう御裁可を仰ぐのを目的とする」という限定付きの目的を掲げている。連合国側が天皇の存在を認めれば、計画は霧消するのである。

なぜか今日まで、「クーデター計画」と規定されているために、狂信的な主戦派がずっと以前から計画し、起こそうとした徹底抗戦のための革命計画と決めつけられている。阿南陸相がそのような暴挙に「腹芸」だの「気迷い」だのをするべくもない。まったく笑止の観察である。

計画首謀の中堅将校たちは、日本の戦争遂行能力の壊滅していることに対して、いちばん正確な情報を得ていたものたちである。いくら血迷ったといえ、国そのものを抹消するような無謀を犯すわけがない。まして〝大義の人〟阿南惟幾が、である。

彼らが希望する条件、それは国体の護持の一事にほかならない。武装解除の後ではそれが不可能と考える。古今東西の歴史に妥協的な講和というものはあり得なかった。

国体護持、日本の歴史はじまって以来、この時期ほど、この言葉が人々の口に上ったことはないであろう。しかし、その内容は何かとみれば、千差万別、その顔の異なるように変わっていた。そして八月六日このかた「国体」とは天皇制、いや天皇その人と同義になっていた。

阿南陸相は、人間であり〝神〟である天皇に限りない尊崇の念を抱いている。昭和四年八月から八年八月までのまる四年間、侍従武官として阿南は天皇の傍にあった。この人の生来ともいうべき忠誠心は、身近に仕えることでいっそう磨きがかけられたであろうことが察せられる。

〝聖旨伝達〟の天皇の名代として、しばしば地方へ出張した。台湾に渡った折などは、帰京にさいし、天皇が生物学に趣味があるからと、台湾産の蝶の標本を豊富にもち帰った挿話が残されている。

天皇もまたこの忠誠一途の軍人に厚い信任をかけたと思われる。のちに陸相となって上奏のため宮中へ上がったとき、天皇は阿南に対して例外のように「椅子を与えて話をされること再々」という親密さだった。

阿南陸相は絶対主義天皇制を信じていた。そして、生命を賭けてそれを守り抜くことを大義と観じた。

しかし、現実の歴史の流れは、天皇の裁断があり、承詔必謹という大方針によって降伏への方向へ急いでいる。その言うところは国体の護持であるが、和平派の腹を探れば、戦敗の恐怖に対する自己保全以外の何ものでもない。そのために天皇を見捨てる――陸相を中心とする中堅将校たちの判断は右のごとくであったであろう。

「原子爆弾やソ連の参戦はある意味では天佑だ。国内情勢で戦いをやめるということを出さなくても済む。私がかねてから時局収拾を主張する理由は、敵の攻撃が恐ろしいのでもないし、原子爆弾やソ連参戦でもない。国内情勢の憂慮すべき事態が主である。今日、その国内事情を表面に出さなくて収拾ができるというのはむしろ幸いである」

と側近に語っていた米内の言葉も陸軍の耳に入っていた。

米内の言う憂慮すべき国内事情とは何なのか。政治上層部や官僚や財閥は、明らかに共産革命を考えている。内大臣木戸幸一、近衛、岡田啓介そして米内ら和平派が恐れていたのは、本土決戦による混乱であり、それにともなう革命である。和平派が望んだのは、革命より敗戦を！　であった。

和平派が守ろうとする天皇とは、阿南のそれとは異なり、〝徳治〟にその正統性があるとする立憲君主的天皇制、という考え方である。和平派といわれる人々は、憲法によってその統治権を制限されるこの天皇観にしがみついた。

機関としての天皇。彼らは、軍部や絶対天皇主義勢力を切り捨て、天皇制を立憲君主制としてでも残し、なんとか機構の存続を図ろうとしたのである。

阿南は、軍人でありながらこれに与《くみ》した米内をついに許せなかった。将来の天皇の保証なくして、期待や可能性で終戦を推進するとは、阿南からすればこれ以上の不忠はないのである。

こうして非政治人間である陸相は内閣にあって、異なったところで真剣に苦悩し、格闘していた。天皇を補弼《ほひつ》する閣僚の一員であり、軍の頭領である以上に、何よりも天皇その人のために死ぬことを最もいさぎよしとする忠誠な武人であった。阿南はこの初一念を貫こうとする。

しかし、天皇その人は、

「たとえ連合国が天皇統治を認めてきても、人民が離反したのではしようがない。人民の意思によって決めてもらって少しも差し支えないと思う」

と木戸に語ったという。そのことも阿南は知らされた。また、陸相に対して、

「心配せずともよい。私には国体護持に確証がある」

と天皇は諭した。

こうして万事は休した。なすべきことはすべて終わったのである。天皇の命令は絶対なのである。

戦争は、八月一四日の二度目の天皇裁断によって終結する。再度の裁断による降伏決定は陸軍に対する国民全体の不信任を意味するといってよいであろう。

阿南は再び最後の勇をふるう。

過去の幾多の戦史は、最も精強であり精鋭であった部隊こそ、最も困難な転進作戦において一糸乱れぬ厳然たる軍容を示したことを教えていた。それが軍の矛盾した〝力学〟というものであった。陸軍の頭領として、そのことをよく知るゆえに、最後の最後まで軍の士気を発揚させ続けてきた。その全責任は陸相がとる。その覚悟をうちに秘め、

「陛下はこの阿南に対し、お前の気持はよくわかる。苦しかろうが我慢してくれ、と涙

を流して仰せられた。自分としては、もはやこれ以上反対申し上げることはできない」

と、陸相は部下に〝降伏〟を訓示した。そして叱咤した。

「不服の者は自分の屍《しかばね》を越えてゆけ」

「一死以テ大罪ヲ謝シ奉ル」と記し、生涯を閉じた陸相に、深く感謝した首相

次の間付きの一二畳の日本間には、隅に床がのべられて、白い蚊帳が吊ってあった。陸相は書きものを終え、しばらくそれを見やった。同じ机の上に、盃と徳利をのせた簡単な膳が置かれていた。大臣は、大事なものを取り扱うように背後の違い棚の戸袋にしまうと、折から訪ねてきた竹下中佐のほうを振り向き、

「かねての覚悟に基づき、本夜、私は自刃する」

と、あっさり言った。

「わかっていました」

と、中佐は答えた。酒盛りがはじめられ、陸相はいよいよ闊達になり、

「これから死ぬ身だというのに、いつもの通り、疲労回復薬の注射をしてもらったよ。これから死ぬからいいとも言えなかった」

と言い、ニコニコした。中佐が聞く。

「先程、何か書きものでもしておられたようですが」

ああ、あれか、と言いながら、陸相は戸袋にしまった二枚の半紙を取り出した。墨痕鮮やかに、二つに折った半紙の上に陸相の字が躍っている。一枚は遺書、一枚には辞世の歌が書かれていた。

「大君の深き恵に浴みし身は
　言ひ遺こすへき片言もなし
　　昭和二十年八月十四日夜
　　　陸軍大将　阿南惟幾」

この辞世は、第二方面軍司令官として北満にあったときつくったものであるという。

遺書は三行に書かれていた。

「一死以テ大罪ヲ謝シ奉ル
　昭和二十年八月十四日夜

陸軍大臣　阿南惟幾」

辞世には単に陸軍大将と署名、遺書には陸軍大臣とした意味は何なのか。

私人としての「大将」は皇室に対して崇敬を失わなかった。しかし、公の人としての「陸相」は国を滅ぼした陸軍の代表者として全責任を負って死んでゆく。そう言いたかったのか。

陸相は、このとき何か思いついたように、また墨をすって、二つに折った遺書の裏、まっさらの白地のところに、こう書き足した。

「神州不滅ヲ確信シツ、」

天皇の将来の保証は、ついに得られなかった。保証のないままに日本陸軍は無条件降伏をする。その罪は軍人として、万死に価するのである。もし神州が不滅でなかったそのときは、不忠の人・米内を斬るべし。しかし、なすべきことはすべてなしたあとのいまは、国家の不滅を確信するのみ――と考えたのであろう。

死出の旅の準備はすべて終わった。嘘いつわりなく生きた人生――顧みて満足だった六〇年の生涯を、陸相は自分で閉じることができた。八月一五日午前五時三〇分、阿南陸相は短刀を腹に突き立てた。作法通りの切腹であった。

玉音放送が終わったあとの午後、鈴木内閣の最後の閣議が召集された。軍刀を杖にゆったりと座っていた一人の男の姿は、居るべきところにはもうなかった。その席を見遣りながら、鈴木首相は濃い眉毛を吊り上げ、目をしばたたきながら言った。

「阿南陸相は忠実に政府の政策に従われた。陸軍大臣が辞表を提出されたならば、わが内閣は即座に瓦解したであろう。阿南大将が辞職されなかったので、われわれはその主目標つまり戦争終結の目的を達成することができた。わたしは、そのことを陸相に深く感謝しなくてはならない。阿南大将はまことに誠実な人で、世にも珍しい軍人だった。実に立派な大臣であった。わたしは、その死が痛恨に堪えない」

阿南さんに対する最高の弔辞であったと思う。

［参考文献］

児島襄『指揮官』（文藝春秋）

沖修二『阿南惟幾伝』（講談社）

角田房子『一死、大罪を謝す』（新潮社）

防衛庁防衛研修所戦史室『戦史叢書82　大本営陸軍部〈10〉』（朝雲新聞社）ほか

III

人事の悲劇

日本海軍と堀悌吉

――山本五十六の畏友、生かされなかった偉材

明治から大正にかけての、よき海軍はどこへ行ったか——。
大正一一年（一九二二）のワシントン会議締結から、
海軍内部の軍令部と海軍省の対立はいっそう深刻さを増した。
ロンドン海軍軍縮条約批准後、国防をめぐるこの海軍内の抗争により、
大角岑生《おおすみみねお》海軍大臣を担いだ「艦隊派」の面々が、
「条約派」の提督たちを海軍から追い出していく。
そして昭和九年（一九三四）一二月、
海軍きっての逸材といわれた堀悌吉《ていきち》中将までもが、
予備役に編入されることになった。
山本五十六《いそろく》中将（のちに連合艦隊司令長官、昭和一八年四月戦死）は、
「海軍の大馬鹿人事だ。巡洋艦戦隊の一隊と堀悌吉を失うのと、
海軍にとってどっちが大切なんだ」と憤慨し、悲しみ、うめいたという。
堀が海軍を去ったその頃、ワシントン軍縮条約廃棄が決定され、
太平洋の波は荒立ちはじめた……。

「海軍自体の慢心に斃るる」ほかに「立直す」途はないと記した山本五十六

　昭和九年一二月初め、軍縮予備交渉の代表としてロンドンにあった山本五十六中将は、シベリア鉄道経由で帰国するよう命令を受け、途中ベルリンに立ち寄った。日本大使館で歓迎晩餐会があったその夜、山本は東京の海軍省軍務局長吉田善吾中将から一通の極秘電報を受け取った。それを読んだ山本が厚い唇を曲げ、沈痛な面持で黙り込むのを、武者小路公共大使が認めて訊ねた。

「何か悪い報らせでも……」

「いや」

　と山本は言って、

「いい話ではありませんが、部内のことですから……」

　と言葉をにごした。山本が最も敬愛し、また心も許していた兵学校同期の親友堀悌吉中将が予備役に編入（つまりクビ）されたことを、その極秘電報は知らせていたのである。

それから数日後、山本は気を落ち着かせて筆をとった。それが、戦後になって発表され、あまりにも有名になった親友堀悌吉中将宛ての書簡である。

「堀兄

吉田よりの第一信により君の運命を承知し、爾来快々《おうおう》の念にたえず。出発前相当の直言を総長にも大臣にも申し述べ、大体安心して出発せるに事ここに到りしは誠に心外にたえず。坂野の件などをあわせ考うるに、海軍の前途は誠に寒心の至りなり。

かくの如き人事が行わるる今日の海軍にたいし、これが救済のため努力するも到底むつかしと思わる。やっぱり山梨さんが言われしごとく、海軍自体の慢心に斃るるの悲境に一旦陥りたる後、立直るの外なきにあらざるやを思わしむ。

（以下略）」

私信とはいえ、山本は実に思いきったことを記している。「海軍の前途は真に寒心の至り」と言い、「海軍自体の慢心に斃るる」ほかに「立直す」途はないと、進級したばかりとはいえ、中将の身分の者が言っているのである。しかも、山本が単なる第三者として批評しているのではないことに注意する要がある。

山本は文中にもあるように、堀中将を予備役編入にの噂が流れはじめると、すぐに「相当の直言」を海軍中央に具申し、そうはさせじと最大の努力を払っていた。にもかかわらず、という思いがこめられている。

　ロンドンへの出発が九月二〇日と決まった直前まで山本は懸命な工作を続け、多忙の中で心血をそそいだ一文を書き、海兵同期の親友堀悌吉中将を予備役にしてはならぬと説いている。その一文を、やはり同期の嶋田繁太郎中将（軍令部第一部長）に託し、軍令部総長伏見宮に好機取次ぎ言上を願った。

堀悌吉(1883−1959)
提供:毎日新聞社

　伏見宮お気に入りの嶋田中将は、山本の強要に渋々ながら九月一八日、人事の公正に高配あらんことをとお願いし、右の一文を伏見宮に奉呈している。だが、伏見宮はにべもなかったという。

「自分はかねがね人事、特に退職問

題には関与しないことにしているから」

と言い、さらりと一読した上で、山本の友情溢るる歎願書を嶋田部長に返してしまった。

このほかにも、稀にみる海軍の偉材を現役に残そうという働きはあった。山本の熱望を受けて、やはり同期の塩沢幸一中将（航空本部長）らも、人事局長小林宗之助中将に訴えている。

山本が帰国したのは、翌一〇年二月。そのとき、既に堀の姿は海軍にはなかった。すべてを知ったとき、山本は憤慨もし、悲しみもし、

「海軍の大馬鹿人事だ。巡洋艦戦隊の一隊と堀悌吉を失うのと、海軍にとってどっちが大切なんだ」

と、うめいた、という。

露わになった対米英強硬派の軍令部側と対米英不戦派の海軍省側との対立

明治建軍以来、山本権兵衛、加藤友三郎という重しのもとに、きっちりとした統制下

にあった日本海軍が、二つに分裂したのは、言うまでもなく軍縮問題をめぐってである。

大正一一年（一九二二）のワシントン会議締結から昭和一二年（一九三七）一月に無制限建艦競争に突入するまでの一五年間に、日本は六回の国際軍縮会議に参加している。昭和二年のジュネーブ三国会議、五年のロンドン会議、七～八年のジュネーブ会議、九年のロンドン予備交渉、そして一〇年のロンドン海軍軍縮本会議である。

最初のワシントン会議で、強力な比率七割の主張を抑えて、日本は主力艦の比率を対米英六割と譲歩した。

日本の国力の限界を知り、世界情勢の流れを見極め、その中で国防を考えるべきだという海相加藤友三郎大将の決断による。それは、軍備競争は国家的破綻を来し、総力戦に耐ええないという卓抜した戦略観によるものだった。

だが、このとき、六割海軍では国が守れない、七割以上が必要である、米英の圧迫に屈したのは間違いだとする強硬派（これを艦隊派と言った）が密かに結成された。軍令部系を中心とするグループで、永年海軍省側に海軍の主導権があることに不満をもち、陸軍の参謀本部のように権限拡大を狙っている連中である。

しかし、加藤友三郎が盤石の重みをもって海軍の中心にある間は、毫もゆるがせぬ統制のもとに置かれた。ところがその加藤が、大正一二年八月に死んだのである。その瞬間、彼らは水を得た魚のごとく躍りだした。

たとえば、昭和二年、連合艦隊司令長官に栄進した加藤寛治大将は、全軍に熱烈な訓示を与えた。

「既に艦隊に関する限り、対米戦争は開始されているのである。本年の訓練はその心づもりにて行う。艦と艦とが接触するまでやってよい。舷々相摩す肉弾戦こそ真の戦闘訓練である」

七割といい六割といい、数字的に裏づけがあったわけではない。国家の安全保障は正確には計数化できないのである。加藤友三郎は比率問題以上に日米不戦を重視した。国際関係をつねに勘案した。その加藤のよき後継者（条約派と呼ばれた）がまだ海軍内部に残っていた。

こうして、六割と七割という数字によって象徴される海軍内部の対立は、大正末より日一日と深刻さを加えていった。その上に海軍全般の上に立つ強力なリーダーが存在していなかったため、対米英強硬派と対米英不戦派との表面化せざる対立抗争は、今や沸騰点に達するのを避けることができなくなり、ついに火を点ずる問題に直面する。ロンドン海軍軍縮会議である。

入り組んだ話なので詳述は避けるが、時の軍令部長加藤寛治大将、次長末次信正中将、作戦班長加藤隆義少将らを戴く軍令部側は、七割海軍を固持し、猛反対した。

彼らは、ワシントン会議以来の腹に積もった鬱憤を、ロンドン会議で晴らそうと決意し、会議の決裂も辞さぬ、としたのである。

対する対米英不戦の国防論に立つ海軍省側は、不満は多かろうが、国際協調という観点から、ひとまず協定すべきであるという意見に統一されていた。ロンドンへ全権として行っている財部《たからべ》彪《たけし》海相を助け、海軍次官山梨勝之進中将、軍務局長堀悌吉少将、先任副官古賀峯一大佐らがその中心の陣容である。

対立論議は、思いもかけぬような統帥権干犯問題まで噴き出し、さらには純粋の軍事問題に、国内政治の反政府運動の政略が微妙にからみついた。五カ月余にわたって、統帥権問題は紛糾に紛糾を重ねた。山梨次官、堀軍務局長は必死に解決の努力を続けたが、明治建軍以来の海軍の伝統的結束は木端微塵《こっぱみじん》に踏みにじられた。

そして加藤大将・末次中将の策謀は、さらに海軍の最長老である東郷平八郎元帥と伏見宮の担ぎ出しにまで発展する。用兵上から強く反対したにもかかわらず政府は勝手に国防計画を決定した――と加藤から吹き込まれた東郷元帥は激怒した。特に元帥の感情を害したのは、全権財部海相がロンドンに夫人を同伴したことであった。八五歳の提督は老いの一徹に凝り固まっていた。

「戦争に、かかあを連れて行くとは何事かッ」

国際会議も、元帥にあっては、協調の場ではなく、戦場だったのである。

しかし、軍務局長堀悌吉少将の考え方は明快この上もなかった。

統帥権干犯問題のありえようはずはない、なぜなら、軍縮問題の主務は海軍省にあるからだ、と明言してはばからなかった。兵力量については、軍令部の専門的意見を聴取し、これを参考として採り入れて、政府機関と交渉するものであって、つまり海軍省により表示されたものが海軍全体の意向なのである――と。

「今回の場合は、第一案の通過が難しくなった。そこで、第二案の次善の策が出され、その案に対しては軍令部は異議がないのみならず、進んで同意したのである。政府はこの海軍省表示の第二案にのっとって条約を結んだのであり、何ら不都合はない」

堀局長はこう言いきり、なおもぶつぶつ不満を洩らす者には、

「当事者としては、心の底に割り切れないものがあるかもしれぬ。それはやむをえない

としても、そんなことは個人の腹の中に深く蔵《しま》っておくべきものだ」

と叱りつけるように言った。

理路整然たる弁と明快な文章力で艦隊派と渡り合った軍務局長時代の堀悌吉

軍務局長の堀が手ごわい、という噂はすぐに強硬派の間を駆けめぐった。なるほど兵学校を一位、砲術学校普通科学生一位、水雷学校普通科学生二位、海大乙種学生一位、砲術学校高等科学生四位、海大甲種学生二位と、すべて恩賜・優等で卒《お》え、砲術学校普通科卒業のときは、

「堀中尉の如きは、全点に近き得点にして、本校創立以来未だかつて見ざる成績なり」

とまで謳われた海軍きっての逸材であることは、若き日よりつとに知られていた。単に頭がいいだけではなく、各種学校の成績にも見られるように、文武両道という面がある。

人物は謙虚で、酒も飲まず、煙草もすわず、無駄口をきくわけでもなく、どちらかと

言えば、欠点のない、温和な人柄。しかも、とっつきの悪いわけではなく、新聞記者には絶対と言っていいほど信頼があった。特種を出すような局長ではなかったが、嘘はつかなかった。ミスリードするような言い回しはなく、簡明直截であった。

「ソウジャロガエ」

「ソウジャッタカナー」

「ドウシチョルカエ」

と、お国（大分県）言葉丸出しに語る堀には、一種の風格があった。

強硬派にはそれがまた気に入らなかった。新聞の論説はいつかロンドン条約締結賛成へ大きな流れを形成し始める。それもまた、堀軍務局長の言葉巧みなリードによると曲解し始めるのだ。

敵にとって手ごわい人は、すなわち味方にとって頼もしい人物である。軍令部の火を吐くような兵力量対米英七割論に時にたじたじとなり、海軍省側にも、あるいは？と疑問に思う人びとも出始めたとき、堀軍務局長はヴォルテールの著書をひきながら、七割論をからかった。これが強硬派の知るところとなり、またまた物議をかもしたりした。

堀軍務局長は、しかし、我不関焉《われかんせず》で、常に悠々としていた。そして条約派の主務者山梨次官をよく扶《たす》け、そして理路整然たる弁と明快な文章力で艦隊派と渡り合った。

　山梨次官も艦隊派の鋭鋒に押されて悩むことがあった。次官の前に出ると虎の尾を踏むように恐ろしかった、と言われるカミソリ次官までが、そうしたときは心から堀軍務局長を頼りとした。

「ありがとう、それでハッキリした。実に明快だよ。局長の説明を聞いてモヤモヤしていた疑問はすっかり消えた。実に明快だよ」

　ときどき扉越しにそんな山梨次官の大声を聞いた者たちは、この次官にこれほどの讃辞を受ける軍務局長は、いったいどういう頭脳の構造をしているのかと、うらやましく思うのを常とした。

　後年、山梨大将は堀中将を偲んで言っている。

「あの明快な頭脳と、それになんというスピーディな回転だろうね」

　しかも、堀中将の偉大なのは、英才にありがちの、凡人の仕事ぶりや頭の働きがもどかしくなり厳しくなる、ということがまったくなかった点にあると、多くの人が口を揃えている。人間修養もまたよく出来た人柄であったのだ。

「俊敏隼の如きも一面閑雅風流の所あり。神社仏閣の巡拝、美術の鑑賞、自然の風物に浸り、また日本舞踊を好み、長唄などに耳を傾く余裕もあり」

と、海兵同期生が言うような〝余裕〟をもってしては、カッカと頭に血の上った連中には、よく太刀打ちすべくもなかったろう。そこにまた、堀局長が憎悪をもって見られた因があるのだが……。

堀元中将は、戦後にこんな意味のことを語っている。

「軍務局長としてロンドン会議を処理するに当たって、最も憂慮されたのは、当時における日本の国際的孤立の状況と、国内思想の動向だった。日本はワシントン会議以後、次第に親独反米英の思想に偏し、軍国主義的勢いを強くし、軍備競争熱に冒されるようになってきた。海軍部門においてもその傾向が次第に増大しつつあった」

この世界ならびに国内情勢に対する厳しい判断から、もしロンドン会議が決裂したら、と恐れたのである。だから、

「たとえ兵力量において多少の不満があろうとも、会議はまとめねばならぬと決意した」

と言う。そうした戦略観が、ロンドン会議にさいし、毀誉褒貶を意に介さず、どっしりと立つ軍務局長をつくったのだろう。あるいはまた、ワシントン会議には随員としておもむき、加藤友三郎全権の生命を削っての条約締結の努力を目の当たりにしたことが、

後の堀を形づくったのだろうか。

あのとき、六割海軍でやむをえぬと決意した加藤は、ワシントンの宿舎で海軍省宛ての伝言を口述した。それを筆記したのが堀悌吉中佐（当時）である。

「国防は軍人の専有物にあらず。戦争もまた軍人にてなし得べきものにあらず。国家総動員してこれにあたらざれば、目的を達しがたし……平たく言えば、金がなければ戦争ができぬということなり。……国防は国力に相応ずる武力を備うると同時に、国力を涵養し、一方外交手段により戦争を避くることが、目下の時勢において国防の本義なりと信ず。すなわち国防は軍人の専有物にあらず……」

堀は、この加藤の国防論の直系のまな弟子であった。そこからあの不動の確信がつちかわれたのか。

答えは、イエスと言えば、おおよそそれで十分かつ必要なものとなろう。しかし、それだけではないように思われる。堀元中将が組織に圧殺されたのは、単に艦隊派と条約派という派閥抗争のためだけではない。そのことを知るために、若き日の堀悌吉少尉候補生の昔に帰らねばならぬ。

日本海海戦における強烈な体験とその後に育て上げた確固たる戦略思想

堀は明治一六年（一八八三）八月、大分県の農業矢野弥三郎の三男として生まれたが、後に堀家を継いだ。杵築中学から海軍兵学校へ。明治三七年に卒業、海兵三二期。前述したように一九二人中一位（ちなみに山本五十六は一三位）。三二期は山本五十六のほか、塩沢幸一、嶋田繁太郎、吉田善吾と四人の大将を出している。

この期の少尉候補生は、卒業するとすぐ軍艦乗組みとなり、日露戦争に参加、日本海海戦で弾雨の洗礼を浴びている。堀候補生は連合艦隊旗艦「三笠」に乗り込んだ。彼はこの海戦で、強烈な体験を胸のうちに刻み込む。

昭和二一年（一九四六）五月に記した堀の手記を、読みやすくして引用したい。

《午後五時半、わが第一戦隊が南下して第二戦隊と別れ、さらに索敵北上するにあたり、敵の仮装巡洋艦「ウラル」が左方近距離に現れたとき、第一戦隊の主力艦「三笠」「敷島」「富士」「朝日」「春日」「日進」の六隻から強烈なる集中砲火を浴びせかけ、「ウラル」はたちまちの間に損傷大破した。

注視すると、その檣に幾綴りかの信号旗旒を掲揚していたが、その信号が何であるかを見てとる暇もなく、甲板はわが方に傾いて檣は倒れ、艦体は沈没していった。甲板の上に集まっていた多くの人は水中に転落し、または艦とともに海底に消え去ってしまった》

これを堀候補生は「三笠」の艦橋から二〜三〇〇〇メートル前方の至近距離で、双眼鏡をもって目撃したのである。若い九州男子の心に凄惨な状景は深い翳《かげ》を落とした。掲げていた信号が何であったのかはわからない。もしかしたら、降伏の申し入れではなかったか。堀手記は続く。

《互いに名乗りを上げて華々しく刃を合わせた歴史時代の武士の作法から見れば、何たる変りようであろう。殊に近代の海戦においては武士の情も何もあったものではない。ただ遠くからお互いに砲弾を送り合って対手を倒さんとする手段のみが存在するのである》

戦闘とはいかに残酷なものであるか、そして、戦場では人間がどこまで非情になれるか、それをこのとき、堀は、ついに消え去ることのできぬ傷痕として胸奥に刻み込んだ。

そして手記は、古歌をその冒頭に掲げている。

とれば憂し　執らねば物の数ならず

捨つべきものは弓矢なりけり

己の生涯の方途として「弓矢の道」を選びながら、ここに堀の不幸があったと思われる。将来の煩悶が約束されたと言ってよい。だが、その明晰な頭脳で、軍備とは、国力とは、戦争とは、という大命題を必死に考え抜くのである。そしてたどりついたのが、「軍備は平和の保障である」という、いわゆる防備艦隊(Fleet-in-being)の戦略思想であった。

――海軍はその国にとって、どこまでも防禦的なものである。とともに、平時の国際儀礼、海外警備、あるいは居留民の保護など、国の格式をつけて平和の保障となるものである。その限度を越えてこれを対外的に積極政策を押し通すための道具に使用するようなことがあれば、それは国防の本質を踏み破り、国力の範囲外に逸脱し、国家を危地に導くものとなろう……。

考え抜いてここにまで達した堀の平和軍備論は、軍人の世界においては異端にも見られるものであったが、まったく意に介せず、気にも留めなかった。海大学生(大正五年〈一九一六〉~七年)のとき、戦略担当の教官と「戦争論」を闘わせ、物議をかもすこともしばしばだったという。堀は言うのである。

《戦争そのものは明らかに悪であり、凶であり、醜であり災《わざわ》いである。しかるに、これを善とし、吉とし、美とし、福とするのは、戦争の結果や戦時の副産物などから見て、戦争実体以外の諸要素を過当に評価し、戦争実体と混同するからにほかならぬ》

堀学生は、誰に何と言われようと、戦争罪悪説を主張し、これを固持した。だが、軍一般からは受け入れられる説ではなく、その思想の健全性を疑われ、陰では〃社会主義者〃のレッテルを貼られさえしたのである。

若き頃より育て上げ、ここまで確固とした戦略思想（哲学と言うべきか）をもった堀軍務局長が、ロンドン海軍軍縮条約の締結こそが国の生きる道と、生命を張ったのである。

「およそ軍備は平和を保障するに過不足なく整備すべきである。したがって、限度というものが存在すべきものだ。すなわち国力に適合し、国際情勢に適応したものであらねばならぬのであり、多々益々弁ずるというが如き筋合のものにあらず」

あるいはまた、こう言って強硬派を論駁した。

「海軍というものは、たとえあらゆる施策を犠牲にしてトン数を増やすことができたとしても、これに伴って必要となる潜在力を固める。つまり基礎も出来なくて、いたずらに紙上兵力を実力と誤認するの愚を犯してはならないのである」

この堂々たる正論には、艦隊派の、意気や舌鋒は盛んだが、頭の軽い猛者たちは尻尾を巻くほかはなかった。

ロンドン海軍軍縮会議は、さまざまな紆余曲折を経て、昭和五年一〇月二日に条約が批准されて、一応の終止符を打った。しかし、支払った代償はあまりにも高かった。海軍に残されたものは、生硬な条約反対論や強烈な反英米感情の鬱積であり、右翼や政党と結びついた軍人の下剋上的な傾向であった。

それが、翌六年の満洲事変、七年の上海事変、五・一五事件と続く内外の動乱に勢いを得てますます加速され、「わが海軍の一部に、自己の職務に専念せずしていたずらに天下の志士をもって任ずるというが如き、憂うべき空気が漂っていた」（草鹿任一大将の手記）状態になっていたのである。

海軍の愚かなる〝大手術〟により、山梨勝之進大将ら逸材が去っていった

世の中には「無敵艦隊」という言葉が流行し、海軍部門にもそれを得々として高唱する者があった。それに対し、堀少将は、冷や水を浴びせるのを常とした。

「スペインの誇った無敵艦隊は英海軍にしてやられたではないか。そんな思い上がった考えを、世間はともかくとして、海軍士官自身がもつようなことでは将来が危ぶまれる」

堀の国防論からすれば、当然の言葉なのだが、これがまた、艦隊派の怒りを買うことになった。そしてこの間に、艦隊派は時勢の急変と緊張にバックアップされ、着々とその陣容を固めていったのである。

昭和七年二月、軍令部長に伏見宮を据え、八年一月に大角岑生大将が海相の椅子に座ると同時に、海軍は愚かなる大手術のメスを組織に入れていった。いわゆる〝条約派〟と言われる加藤友三郎の後継者の予備役編入の荒療治だった。組織が一色に染められだし、ある方向に驀進を始めるとき、余分のものは弾き飛ばされるのであろう。

伏見宮と東郷元帥の威名のもとに、八方美人主義の大角海相を担いだ艦隊派の面々は、加藤寛治大将を取り巻いて赤坂の料亭に集まり、条約派の提督を片っぱしからクビにすることを策したという。派閥抗争もここに極まれり、と言うほかはない。

昭和八年三月の山梨勝之進大将の予備役編入を皮切りに、谷口尚真大将（八年九月）、左近寺政三中将（九年三月）、寺島健中将（九年三月）と、いずれも次代の海軍を担うはずの軍政家であり、有数の国際感覚の持ち主は、次々に海軍を去って行った。海軍はこうした逸材を捨て、軍令部という限定された視野のもと、舵を取ることを忘れ、一つの方向に直進しようというのだった。

山梨勝之進大将は、後輩の質問に答えて、海軍を去ったその翌年の昭和九年、こう答えている。

「海軍の人事はいったん海軍大臣が腹を決めたら、どうにもならん。大角海相の後から、いろいろ強い示唆や、圧迫がかかっているんだよ。具体的に言えば、伏見宮殿下と東郷さんだ。東郷さんが海軍の最高人事に口出しをしたのを、私は東郷さんの晩節のために惜しむ」

そして、この加藤友三郎の後継者の整理は、つまり加藤寛治・末次信正およびその後継者ら対英米強硬派の台頭を意味していた。彼らは次の標的を狙った。〝社会主義者〟堀悌吉中将（八年一一月進級）である。

確かに、満洲事変以来、統帥万能の思想が大手を振って歩き、下剋上の傾向がますます強くなる時の流れのもとには、堀の理想や考え方は海軍部内においては不必要であったと言えようか。

「自ら守るに足らざる軍備を擁して何の軍備ぞや。よろしく軍縮条約より脱退すべし」という声のみが叫ばれる情勢下にあっては、堀の〝平和海軍論〟は弱者のたわ言にすぎなかったろう。

先を急ぐ前に、日本海軍にとって、昭和九年という時代がどんな状況下にあったか、それを知るための面白い事実を紹介する。

昭和九年七月二日付の朝刊に次のような記事が載っている。ワシントン軍縮条約はもはや廃棄すべきである、という議論が大いに闘わされていたさ中である。

「連合艦隊幹部連署の上申書提出
目下九州方面の海上において演習中の連合艦隊では内外の時局に鑑み、ことに明年の軍縮会議をひかえ、各艦長級六〇名の連署をもって全員の意志を代表し、末次（信正）司令長官を通して、一両日前、伏見軍令部総長宮殿下をはじめ奉り、大角海相、最古参軍事参議官加藤（寛治）大将にあて、重大意味を有する上申書を提出した。
一、明年の軍縮会議に直面してわが国は、一日も早く既存条約から蟬脱するため、もっとも早き機会においてワシントン条約の廃棄通告をなし、明年の軍縮会議においては、国防自主権の確保、軍備権の平等原則を樹立すべく、すみやかに強固統一ある対策の確立を望む。

二、この重大事局に善処するためには、一刻も早く国内の政局不安を一掃し、すみやかに国民の全幅的信頼を受け、公明にして強き政治を行いうる内閣の出現を切望する」

ここに唱えられているのは、軍を基幹とする強力政治――つまり昭和維新断行の要望ではないだろうか。その最大目標は軍縮条約の廃棄である。

今日になると、この連署の上申書がすべて、艦隊派の総帥・加藤寛治大将の示唆によるものであることがはっきりしている。『原田熊雄日記』によると――。

六月二〇日前に、加藤大将は町田進一郎大佐（第一水雷戦隊司令官）を呼び、

「まず第一に、どうも中央は、軍令部も海軍省も軍縮に対してすこぶる空気が弱い。それで艦隊派は結束して強硬な態度をとらなければいかん。

第二に、この際できる内閣は強力内閣でなければいかん。それには、首班として自分がよろしい」

というようなことを暗に述べた。さらには、

「町田大佐はすぐ艦隊に帰り、第二艦隊の重巡高雄艦長南雲忠一大佐と一緒になり、連

合艦隊の各艦長を訪ね、結束して上申書を出せ」とまで使嗾《しそう》した——というのである。

それが、この七月の上申書であるのは言うまでもない。音頭取りは南雲忠一大佐、後の真珠湾攻撃の機動部隊司令長官である。

「子々孫々に至るまでかかる海軍の人となるなかれ」

もう一つ知られざる事実——。昭和九年夏頃の、陸軍憲兵隊が調べ上げた海軍の政治将校（左右を問わず政治運動をしている者）の名簿である。太平洋戦争で活躍した名だけを拾ってみる。

南雲忠一、末沢慶政、石川信吾、林正義、岡村徳長、岡村基春、安延多計夫、小園安名、寺井義守、島田航一、板谷茂など二一名の、錚々たるところが名を連ねている。（念のために言うが、これらの人すべてが対英米強硬派というわけではない）

これを書きながら、明治から大正にかけての、よき海軍はどこへ行ったのか、の悲しい想いに駆られる。強力内閣をつくれ、その首班は俺がいい、というような人を総帥と仰ぐ艦隊派が、海軍という一枚板の組織をぶち壊した、と言ってもいいように思われるのだ。

つねに科学的・合理的であるべき海軍という組織の本質から逸脱し、いたずらにあおられた危機感や反英米感情をもった、夜郎自大な政治的軍人が次々に輩出された。彼らにあっては、拳の一撃は正否が問題でなく、つねに強弱が問題なのであった。そして、これら強硬派の周囲にあるのは、出世しか眼中にない「軍事官僚」たちだった。

兵学校や海軍大学校が整備されるにつれ、管理事務や管理技術の教育に力が入れられ、分業化された部門での参謀としての「秀才」が多く生み出された。一定の枠にはまった「秀才軍人」は、立身出世をつねに視野の中に置きながら、ますます官僚化していった。

日露戦争後の余勢にあぐらをかき、慢心しつつある海軍、あるいは、組織が拡大し、次第に官僚的になりつつあった海軍、そして、派閥人事が平気で行われる海軍……それが昭和九年頃の〝三代目海軍〟の実情であったと思われる。

そうした怪しげな情勢下、堀が狙われているということは、堀自身はもとより、山本五十六、古賀峯一らにもわかっていた。だが、百年に一人か二人とも思われるような文武両道の偉材を海軍が見捨てるはずはない、という楽観が、多くの者にあった。

人物は謙虚にして高潔、といって堅苦しくはなく、適当にスマートで、しかもどんな複雑な問題をも明快に解決する卓越した判断力、それこそが海軍軍人のよき典型であり、誰にも難癖のつけようがない、と堀を知る人は誰もが思っていたのである。

だが、〝敵〟は思いもかけないところから攻めてきた。昭和七年、第三戦隊司令官として上海事変にさいし出動したとき、堀のとった作戦行動が卑怯であった、という愚かしいような非難が、突風のように吹き出したのである。

それは一言で言えば、呉淞《ウースン》砲台から突然に砲撃を受けたとき、堀司令官はただちに反撃しようともせず、一時避退し、のち、やっと反撃に転じた、というまったくの誹謗だった。当時の旗艦「由良」艦長谷本馬太郎大佐が、のちに、

「司令官の判断処置には一点の非難すべき点はない。現状を認識せず、ただ堀さんを陥れんがための非難である」

と憤慨したが、こうした陰口中傷は燎原の火であった。ついに、堀嫌いの伏見宮の耳にまで達したのである。親友の山本五十六が、伏見宮や大角大将に、

「堀のような群を抜いた男を失うのは、海軍の大損失である」

と訴えたのは、おそらくその頃であったと思われる。しかし、中国をめぐる日本対英米の緊張もかなり切迫し、軍縮体制は、欧米列強の圧迫に屈服したことであり、この足かせ手かせを打破しない限り、日本の行く手はない、と叫ばれているとき、それは徒労のあがきであったかもしれない。

そして肝腎の堀は、寡黙で自ら宣伝釈明をせず、常に正を践《ふ》んで、孤高の趣のある人柄なのである。卑怯者の汚名がいかに流されようと、「処世の術としては拙劣極まるものであったかもしれないが」(堀の言葉)、いっさい弁明せず、というより頭から無視していた。それがまた反対派には腹立たしいことであった。ついには「堀の如きに任せると海軍を滅ぼしてしまう」とまで悪罵《あくば》が放たれるようになった。

だが、真実はどうか。第三戦隊司令官の現地における正当で最大の任務は、居留民の保護にあったのである。呉淞砲台からの無法の砲撃に、一旦錨を上げて揚子江を下り、安全な泊地に退いたのも、居留民の安全と国際公法を厳守せんがためだった。

付近にあった外国船舶や外国軍艦などに予告を発し、被害の及ばぬよう処置をし、さらに目標砲台装備砲の破壊を主眼とし、一発一発精確に照準し、跳弾または不規弾が砲台以外の民家に飛ぶことのないよう、細心の作戦指導をして応戦したものだったのである。

堀は、のちの手記に書いている。

《(上海事変で直面したものは）平戦時公法の無視蹂躪、兵力濫用の修羅道である。戦果誇張、功名争いの餓鬼道の展開である。さらに同僚排撃の醜悪なる畜生道である。一言にして上品に言うても、武士道の極端なる堕落である。かような場所で、かような友軍と協同して警備に従事せねばならなかったのは、自分の不幸な廻り合わせである》

なぜ、こうまで明確に、吐き捨てるように堀が言うのか。それは、

「昭和七年一月末の上海事変は、第一遣外艦隊の無分別、無定見により起こされたものである。したがって、まったく無名の師（いくさ）である」

と、堀が既にして見抜いていたからである。今日、上海事変が陸軍の謀略によって起こされた無名の師であったことは明らかになっている。そして、上海事変の現地で痛感したこととして、堀は次の痛烈な一行を残している。

《子々孫々に至るまでかかる海軍の人となるなかれ》

堀悌吉は予備役となって海軍を去り、ワシントン軍縮条約は廃棄された

海軍中将堀悌吉は、昭和九年一二月一五日に予備役となり海軍を去った。

堀のような、平和主義に基盤を置いた冷めた眼は、大言壮語や犬の遠吠えのまかり通るときの海軍には必要なかったのである。栄達を求めて節を曲げ、甘言を弄したりするにはあまりに高邁な人柄でありすぎた。それに何より当人が海軍という組織に愛想を尽かしていた。

息子が海軍を辞めさせられたと聞いたとき、堀の父は、

「よい時に海軍を辞めて結構であった。これ以上勤めると、友人同士で蹴飛ばしたり、暗闘するような事態も起こりがちで、人間として面白くない」

と語ったという。この父あってこの子あり、の感がある。組織とは、本質的に非人間的なものだ。その中で人間であり続けようとするのは至難のことなのかもしれぬ。

そして堀が海軍を去ったと同じ九年一二月、ワシントン軍縮条約廃棄が決定され、ア

メリカに通告された。苛烈な建艦競争の時代が再び幕を開け、太平洋の波が荒立ち始め、六割海軍・日米不戦はもはや一片の跡も残さず消え失せた。

条約廃棄通告の日こそ、加藤寛治大将にとってまさに完勝の日であった。その年の五月に死んだ東郷元帥の墓前にこのことを報告し、その帰り道に元帥の側近小笠原長生中将宅を訪れた加藤大将は、中将不在のため、名刺を置いて帰った。名刺には次の文句が躍るが如くにしたためられていた。

「帝国海軍更生の黎明を迎え候につき、只今東郷元帥の墓に詣でて、いささか英霊を慰め奉り候」

それから二カ月たった一〇年二月、ロンドンから帰った山本五十六は、謀略にしてやられたことを知った。

「あいつら、よくも堀を首にしやがって」

と、憤怒の形相をあらわにして、山本は言ったという。

1943年4月に戦死した山本五十六の遺骨が帰還。右奥に同級生代表の堀悌吉が見える。二人の関係性がみてとれる（右前は、山本の長男・義正氏。遺骨を捧持するのは渡辺安次戦務参謀）
提供：朝日新聞社／時事通信フォト

Ⅳ

在りし日の栄光の結末

連合艦隊と参謀・神重徳

――大和特攻をめぐる真実

太平洋戦争時の日本海軍に「戦術の神様」といわれる先任参謀がいた。
神重徳《かみしげのり》という、典型的な薩摩隼人である。
海軍大学校卒のエリート参謀であり、
昭和一七年(一九四二)八月八日・九日の第一次ソロモン海戦で、
いわゆる「殴り込み作戦」を成功させた海軍大佐である。
しかしこの「ソロモンの栄光」が、
のちの神重徳参謀につきまとうことになった。
サイパン奪回作戦、レイテ沖海戦……、
そうして、あの戦艦大和《やまと》の沖縄特攻の計画推進者となるこの参謀が、
それまで主張してきた殴り込みは、十死零生でなく、
九死に一生を限度とするものであったはずだが、
沖縄への全軍特攻は発動され、
沖縄にたどり着くことなく、完全なる失敗に終わり、
日本は、敗戦の道を突き進むことになった。

小説『海戦』で印象的に描出された第八艦隊先任参謀の神重徳大佐

報道班員として第一次ソロモン海戦に参加した丹羽文雄氏は、その体験に基づいて小説『海戦』を、昭和一七年の暮れに上梓した。中に、この作戦を立案して成功に導いた第八艦隊先任参謀の姿が印象的に描かれている。

ガダルカナル島（以下、ガ島）へ進撃する旗艦鳥海《ちようかい》の士官室で、小さい髭のある顔をいくらか昂奮させた先任参謀は、幾人かの若い士官たちを前に「どうしても突っこむ。今日やらねば、いつの日にやれるのか判らないのだ。あくまで突っこむんだ」と語気も激しく言い放っている。

丹羽氏はさらに描出する。「年齢以上に頭が禿げているが、少年時代の負けず嫌いな、がむしゃらな気性がいまだに顔のどこかに残っている風であった。意志によって建てられた顔のようであった。鍛えあげられ、緊切なものになりきった風貌である」と。

この先任参謀が神重徳大佐である。

神重徳（1900－1945）
提供：朝日新聞社／時事通信フォト

この人は戦闘前に、敵艦隊は日本艦隊の戦力を軽視してガ島近海に踏みとどまり、二〜三日は動かないだろう、と情勢を判断した。その隙を突くのである。立てた作戦は一つ、夜襲の断行だった。一万トンの重巡洋艦が敵の腹中に躍り込み、主砲を水平にして撃ちまくる、だれも想像しなかった〝殴り込み戦術〟である。

小説の中では、「そんな作戦をだれがたてたのか、というように先任参謀は自らの作戦を第三者の側に立って、呆れていた」と、丹羽氏は描いている。

戦闘はそれだけに熾烈を極めた。疾風のように殴り込み、そして完勝する。

戦い終わって先任参謀は言う。「勝つ自信はあった。自信はあったが、こんなに戦果をあげるとは、思いがけなかった。自分らのやられる三倍はやれる自信はあったが、味方は一隻も失っていないのだ。こんな殴り込みは世界戦史に最初だ。しかも水上艦隊で堂々と殴りこみをかけたなんて……」と。

海戦三カ月後に発表された小説であるだけに、フィクショナルな要素はかなり少ないと思われる。小説の中の先任参謀の言うように、事実、重巡を中心とする水上艦隊が一千キロの航海ののち敵大艦隊の在泊する未知の海面に夜襲をかけ、完勝を遂げた例は、それまでの世界戦史にはなかった。水雷艇や駆逐艦などの小艦艇による近接夜襲は、海戦史にいくつかの例を残しているとしても。

それだけに、常識を破った奇想天外な作戦であり、成功の因もまた、その果敢さのうちにあったといえる。

夜戦は、いうまでもなく、昭和一七年八月七日の米軍によるガ島上陸を迎撃すべく、翌八日深更に生起した。寡兵の日本艦隊が、衆を頼む米艦隊の中に突入し、百戦練磨の夜襲によって、その大部分（重巡四隻撃沈、一隻大破）を撃破した。味方にほとんど損傷なしの、完勝である。しかも、戦うことわずか三三分という短節急襲の記録をも獲得した。

とはいえ、作戦の成功を果敢さだけに求めるのは一面的な見方なのかもしれない。戦機をとらえ敏感に反応した点に、勲功の大いさを認めるべきであろう。

第一次ソロモン海戦における「殴り込み戦術」の作戦立案とその勲功

その前に、ガ島戦生起直前の状況を知っておく必要がある。その年の六月のミッドウェイ海戦に敗れた連合艦隊が、作戦の主導権を米軍に譲り、積極攻撃を望めなくなっていたことは周知の通りである。そこで、次期作戦に備えて兵力の整備を急ぎ、七月一四日付をもって、開戦以来初めての一大編制替えを行った。

第三艦隊（機動部隊）と第八艦隊の新設がその主なものだった。第八艦隊はソロモン海域の作戦に当たることになり、将旗をラバウルに進めたのは、七月二九日のことであった。司令長官三川軍一《みかわぐんいち》中将、参謀長大西新蔵《しんぞう》少将、そして先任参謀として、軍令部作戦課にあって開戦前より作戦全般の計画を練っていた神重徳大佐を迎えた。兵力は重巡五、軽巡三、駆逐艦四、特務艦一の計一三隻。

これら第八艦隊首脳はラバウル進出前から、米軍のソロモン方面よりの本格的反攻を懸念していた。大本営の、反攻は昭和一八年以降という判断を、楽観的にすぎると密かに案じていた。

その不安以上に米軍の反攻が早かったのである。将旗を立てて一〇日足らず、第八艦隊が大づかみの作戦計画を練る暇もなかったときに、無抵抗のままにガ島が奪われた。

輸送船二三隻に分乗した上陸部隊二万。これを守るために空母二、戦艦一、重巡六、軽巡二、駆逐艦一九の米大艦隊がソロモン海域に進出してきたのである。日米の兵力を比較すべくもなかった。

しかし、第八艦隊先任参謀神大佐には躊躇も逡巡もなかった。神速の反応といってもよい。大西参謀長の戦後の述懐でも、ただ見事の一語に尽きると賞讃を惜しまないほどの、積極的な反撃策を立てて殴り込むのだった。

各方面に出動中だった麾下の各艦に命令を発し、指定コース途中での集合を命じ、集められるだけの艦を率いて米軍上陸の第一報のあった日の午後には、早くもガ島目指して進撃を開始した。桶狭間における信長の出陣を思わせる鮮やかさであった。小説『海戦』の「今日やらねば、いつの日にやれるか判らないのだ」という先任参謀の言葉は、事実の神参謀の確信とぴたりと照合している。

たしかに、だれもが危ぶむような作戦であった。奇襲によってしか成立しないような計画、だが、それをあえて迅速果敢に断行した。そこには理智と勇気と鋭意とがあったといえよう。そしてそれが成功したとき、神参謀は〝戦術の神様〟になった。この人の栄光と真骨頂とがこの瞬間にあり、後に多くの将兵が味わわされる悲惨の胚芽もまた、ここに発生するのである。

小説『海戦』は、戦い終わった後の様子を描いている。旗艦鳥海の副長が「それにしても、今度の作戦は少し無茶ではないかと思っていた」と話しかけるのに先任参謀が答えるのである。

「無茶じゃないさ。作戦どおりいったじゃないか。もちろんそれには空襲のなかったことが、天佑だった。まったく天佑だった。敵は大艦隊をたのんで眠っていたことが、いけなかったのだ」と。

副長がさらに「いや、自分のいうのは型破りの意味だ」と言うのに、「そう見えるのも時によって立派な一つの作戦だ。兵は十分耐えてくれた。実力、計画、準備、訓練がものを言うのだ」と答え、「これだから、海戦はやめられないのさ」と、ニコリともせず先任参謀は言い放つのである。

この最後の言葉は、この人の太平洋戦争後半の、連合艦隊作戦参謀としての戦争指導ぶりを考えるとき、きわめて象徴的である。悪魔的とさえ感じられる。寡をもって衆に勝つためには、型破りの奇策によるほかはない。それを超人的な勇気をもって、迅速果敢に断行する。常に積極作戦をとることで天佑を呼び込む。神参謀の戦術思想は、このときの栄光を背景に、ただこの一筋につながった。海戦はやめられないという快哉を得るために。小説家の鋭い感覚が、すでにこの人の本質を捉えていたといえようか。

敢闘精神旺盛な海軍大学校卒のエリート参謀

神重徳は、明治三三年（一九〇〇）鹿児島県出水郡高尾野町に生まれた。「薩の海軍」の直系である。海軍兵学校四八期、成績は一〇番で卒業、当然のことのように海軍主流の砲術を専門とする。昭和六年（一九三一）少佐。八年一一月海軍大学校を優等で卒業、恩賜の軍刀組であった。

海軍大学校は、いうまでもなく参謀の養成機関である。しかも、その優等卒業生となれば、参謀のなかのエリートを将来に約束されたというほかはない。

海大を卒えると、神少佐はドイツに渡る。昭和一一年二月までこの地にあり、大使館付武官補佐官を務めた。この経歴は重要である。ヒトラーのナチス独裁体制が確立されるのと期を一にしているからだ。後の話に関連するが、この前後から日本海軍は、海大卒業の優秀学生を英米に劣らぬくらいにドイツ駐在として送り込むようになっている。そして、その多くがナチス心酔派となって帰ってきていることに注目しておきたい。

帰国後、中佐に進級したこの人は、一三年五月、海軍省軍務局第一課員。翌年五月、第五艦隊参謀として海に出たが、半年後の一四年一一月、軍令部第一部第一課、つまり作戦課の先任参謀として中央に戻ってくる。字義通りのエリート参謀のコースだ。神参謀が独特の存在を海軍部内において明らかにしてくるのは、このころからであった。

昭和一二年から一五年にかけて、日本は日独伊三国同盟をめぐって激震を続け、締結の可否の論争で、陸海軍の相剋は激しさを増した。米内光政《よないみつまさ》海相、山本五十六《いそろく》次官、井上成美《しげよし》軍務局長の海軍トリオによる死を賭しての反対は、改めて説くまでもない。だが、その海軍部内に強力な枢軸賛成論者のグループがいたことは、なぜかあまり書かれていない。

海軍には、陸軍のような派閥による抗争はなかったといわれている。また、陸軍のような下剋上もなかったようだ。しかし、いわば性格閥といったグループが存在していたのである。たとえば、ドイツ心酔者閥というような。それが海軍上層部を下から突き上げる。

急先鋒の一人に神参謀がいた。

井上成美大将の私稿『思い出の記』には、神軍務局員がしばしば井上軍務局長に議論を挑んだと察せられることが記されている。たとえばその一つに、

《ある局員の話に、

「神君は局長と議論をして、負けて局長室から帰ってくると、とてもくやしがり、こっちは立って議論するのだから、どうしても議論に負けるんだ、などといっていますよ」

との事で、いかにも神君らしいと大笑いした。

その後、また神君が書類をもって説明にきたので私は、

「神君、君は私と議論して負けると、局長は椅子に坐っていて、こっちは立っているから議論しても負ける、といっているそうだな。しかし、君が大学校の学生の時は、私が立っていて君の方が坐っていたが、矢張り議論で負けていたではないか。とにかく、今日はおれが立つから、君そこへ坐れ」

というと、神君は、

「よろしゅうございます」

といって坐りはしなかった》

とあり、敢闘精神旺盛な神参謀らしいエピソードが残されている。

そうした経緯をたどりつつ、昭和一五年九月二三日の北部仏印進駐、同九月二七日の三国同盟の締結と、太平洋戦争開戦への道が強力に開かれていくことは、多くの史書が語っている。そして、史書のあまり語りたがらぬことだが、昭和一六年四〜五月頃になると、海軍部内のなかにも対米強硬派が生まれ、鉄の統制が少しずつ乱れ始めるのである。

背景にアメリカの硬化したアジア政策があったことはいうまでもない。しかし、山本五十六連合艦隊司令長官が「海軍中央部・課長以下のところにては、この時流に乗り、今が南方作戦のしどきなりと豪語する輩もある」と憤慨したように、海軍中央がまず尖鋭化していった。

ドイツの電撃作戦は目を見張るものがあった。イギリスが屈服するかもしれない。この機を逸すべからずなのである。積極的行動をとるべしとし、さまざまな希望的観測が、海軍中央の若手を揺り動かした。対英戦は対米戦へつながるという穏健な常識論は、たちまち圧倒され始めた。最後の関頭に立って海軍が「ノー」とついに言えなかったのも、無理からぬことであった。

開戦史が主題ではないので、これ以上は触れないこととするが、強硬派と目されている代表的な人たちの名だけは記しておくこととする。石川信吾大佐（軍務局二課長）、高田利種大佐（軍務局一課長）、小野田捨次郎中佐（軍令部一部員）、藤井茂中佐（軍務局二課）、柴勝男中佐（軍務局二課）、木阪義胤中佐（軍務局二課）。そして神重徳中佐が最強硬論者であったことは記すまでもないだろう（カッコ内は開戦時の職名）。

絶対国防圏の放棄などもってのほかだ――海軍部内の「戦術の神様」が訴えた「勝機」

ともあれ、日本がドイツの勝利を頼みに、太平洋戦争に突入したことは確かである。そして真珠湾の勝利、マレー沖の英艦隊撃滅と、総合的な作戦構想通りに進んだ。神参謀、時に四一歳である。

「根はいい人物だったと思います。東郷元帥の秋山真之参謀、山本元帥の黒島亀人《くろしまかめと》参謀のような奇矯なところは全然なかった」と、当時をよく知る元海軍中佐が語ってくれる。

「若々しく、熱血男子でした。薩摩隼人の典型。その上に頭が切れる。筋肉質、力は米俵をもち上げるほどあった。ピリピリとして、槍の穂先のような人でしたね。気迫に満ち満ちていましたな。その考え方の基本にあるのは、攻撃は最大の防御という、言葉通りの攻撃一本槍。真珠湾の後、パナマ運河を爆破するという作戦を真剣に考えていましたね。

　普通の常識があれば不可能とすぐにわかる子供だましみたいな案を、本気になって考えていたのが印象的です。不可能を可能にしてみせるすさまじい迫力が、日常の言動にありました。しかも机上だけではなく、その後に第八艦隊の先任参謀として、実戦で証明したのですから。周囲に有無を言わせない戦術の神様となって……」

　積極的に推進した対米戦を、積極的に戦うことで〝神様〟ともなった神参謀も、その後のガ島争奪戦では、さすがに本領を発揮することができなかった。八艦隊の参謀として苦心せねばならなかったのは、数少ない艦艇や輸送船をもってする補給輸送の問題だけだったからである。

敵を撃破するための積極作戦はなく、ただ味方の生命をつなぐための算段が要求された。ここで参謀が学んだのは、衆を頼む敵と消耗戦にひきずり込まれては勝機を見出すことは不可能、ということだったろう。

昭和一八年六月、ソロモン最前線を去った神大佐（一六年一〇月進級）は、軽巡多摩艦長として後方輸送任務に就いたが、同じ年の一二月、海軍省教育局第一課長として久しぶりに中央に戻ってきた。一種の骨休めである。しかし、大佐の目はじっと太平洋をにらんでいた。戦う参謀に休日などのあろうはずがない。

打ち続く敗北に戦線をじりじりと後退させた連合艦隊は、決戦海域をマリアナ、西カロリンの列島線に後退させ、これを絶対国防圏とした。この線が破られることがあれば、日本の敗北は決定的であると、あわただしく危機に備えたが、それ以上に戦備を充実させた米機動部隊の攻勢が早かった。一九年二月一七日、防衛戦の一角たるトラック島は大空襲を受け、〝日本の真珠湾〟は瞬時にして壊滅した。

この危急存亡に、東条英機《とうじようひでき》首相がとった対策は、あろうことか、政戦略の一本化という名目で、参謀総長を兼務するという未曾有の人事だった。〝東条の副官《おさみ》〟と仇名される嶋田繁太郎海相もまた、これにならって軍令部総長の椅子を、永野修身大将から奪って兼任する無謀をあえてした。

海軍部内の心ある人たちが密かに倒閣に動き始めたのは、当然だろう。目標は嶋田総長更迭、そのため東条内閣打倒を辞せずとする激越なものであった。教育局長高木惣吉《そうきち》少将を中心とする一派も、憲兵政治下の厳しい目を盗み、活動を開始した。ついに高木氏は生前そのメンバーを黙して語らなかったが、直属の〝熱血漢〟神大佐が加わっていたことに間違いはない。

しかし、戦局のほうが先に動いた。嶋田退陣が実現せぬうちに、六月、サイパンに米軍の進攻を迎えたのだ。連合艦隊は隠忍自重の一カ年で訓練整備した全力を投じ決戦に出たが、一九日、二〇日と戦い、惨たる敗北のうちに、サイパンの陸上部隊救援という夢は空しく破れた。絶対国防圏の放棄は、日本に勝利はないことを意味した。さらに、ここからの本土空襲は必至である。坐してそれを待てというのか。

勝機は今である。敵上陸のそこを突く。神大佐は、澎湃《ほうはい》と沸き起こったサイパン奪回の論議の先頭に立った。当時、毎朝行われていた「戦況説明」の席で、神大佐は嶋田総長を前に、軍令部の主要幕僚の作戦に対して公然と口を挟んだ。「意志によって建てられた」顔を真っ赤にして叫んだのであろう。サイパン放棄などもってのほかなのだ。

「今マリアナ海域から帰投中の、残存全艦艇を挙げてサイパンに再び進撃し、戦艦は海岸にのし上げ、砲台となって上陸軍を乱撃し、ぜひともサイパンを守り抜かねばならない。勝機は今をおいてほかにない」

東条英機暗殺計画、サイパン奪回作戦のために東奔西走し続ける作戦参謀

神大佐の活動は、まさに槍の穂先が一文字に突進するに似ていた。一つはサイパン奪回作戦のため。そしてほかの一つは東条暗殺計画のために。

余談になるが、東条暗殺計画をテーマに、高木氏の晩年に会ったことがある。そのとき、暗殺決行は七月二〇日頃、方法は自動車二台で首相の車を挟みうちにすることと決めていたと、高木氏は苦笑交じりに語ってくれた。

「決行後のことですか。実は神大佐がその直前に連合艦隊作戦参謀に転出したんです。そこで彼に飛行機を工面してもらって、もしやったら、関係者はそれで台湾かフィリピンへ飛ばすつもりだった」

問わず語りに、計画における神大佐の役割が自然に浮かび出ていたのを、今、想い出す。
その一方で、サイパン奪回のために神大佐は東奔西走していたのである。この島を奪われて戦争の継続はあり得ない、大和・武蔵を残してもなんの役にも立たぬ、というのが大佐の確信だった。

戦争に勝つためには指揮官が強くなければならない。勇気が第一、勇気あって智が働くのだ、と軍令部作戦部長中沢佑《たすく》中将、作戦課長山本親雄《ちかお》大佐に力説し、「自分を戦艦山城の艦長にしてほしい。奇策をもってサイパンに運んでいってのし上げ、砲台の代りになって戦闘してみせる」と、サイパン奪回の作戦決定を慫慂《しょうよう》した。

海軍の長老岡田啓介《けいすけ》大将に面会を求め、大将から軍令部に進言してほしいと裏工作までしたことが、今、明らかになっている。「サイパンを奪られてはもうおしまいだ。海軍がいつまで大和・武蔵のような大艦を保存していてもしようがない……」という神大佐の発言が『岡田啓介回顧録』にある。

しかし、すべては遅かったのである。軍令部総長嶋田大将は、サイパン奪回の断念を六月二四日には上奏していた。教育局一課長という作戦にタッチし得ない立場にあっては、必死の努力もすべて空回りしたにすぎなかった。

「軍令部は、意気地がありません。是が非でもサイパンを取り返すと決心しないで、ヤレ飛行機が足らんの、ヤレ油がどうのと泣き言ばかり並べ、なっていません。飛行機が足りなければ陸軍の飛行機に加勢してもらえばいい。陸軍機は脚が短いから遠くへは使えませんが、沿岸近くなら十分に大和・武蔵の傘の役に立ちます。伊豆七島に沿って陸軍機を出してもらい、遠いところは海軍の基地航空隊で守れば、サイパン突入までの空中掩護ぐらいできないことはありません。

陸軍だって真剣に頼めばわかる。私なら十分説きつけてみせます。そして、大和・武蔵の全砲火で米軍の橋頭堡を後から叩きつけてごらんなさい。一度は上陸軍を海に追い込めます。少なくとも六カ月は進攻を食い止められると思う。その代り、海軍はこれでおしまいですが、時間を稼ぐことで次の作戦を十分に練ることができます」

高木局長に語ったという神大佐の歎きを、今、どう聞けばいいのだろう。これもまた、パナマ運河攻撃のような夢想に等しい構想だったのか。しかし、サイパン陥落後の、鉄の暴風ともいうべき圧倒的な米海軍の攻撃の前に、無策無力に近かったその後の戦いの経過を見るとき、夢のまた夢として笑って済ますわけにはいかないものがある。

勝算皆無の戦い、それも日本軍にとっては、鉄に人間の肉体をぶち当てるほかのなかった戦いを、マリアナ海戦後はずるずると続けるほかはなかった。それはもはや戦いではなく、一方的な殺戮と破壊だった。

そしてただ一つ言えるのは、サイパン奪回を力説する神大佐の脳裏に、第一次ソロモン海戦の殴り込みの栄光が描かれていただろうことだ。今こそ戦機と判断されたなら、全滅を賭しても攻撃を敢行すべきなのだ。勝算はソロバンや計測では出てこない。不可能と見える危地に挺身敢闘することで、可能を引き出すことができる。要は決断と責任を負う勇気の問題である。リーダーシップの真の特質は、要するに人格、決断、そして実行である。神大佐は身をもってそれを示したかったのであろう。

国破れてなんの艦隊やある、殴り込みあるのみ――レイテ沖海戦の参謀長たちに迫る熱血参謀

昭和一九年七月一三日、神大佐は連合艦隊作戦参謀として、再び国防の第一線に立った。その猛烈なバイタリティーで、傾きかけた連合艦隊の作戦を引っ張っていく機関車の役割が期待されたのだろう。もちろん、海軍特有の軍令承行令による人事なのだろう

が、この海軍人事はまことに興味深い。前へ前への積極作戦しか首唱しない熱血参謀を、引き潮の、むしろ耐えることの必要なときに、いちばん要のところに起用したのである。

神参謀が着任して一週間後の七月二一日に、大本営海軍部は捷号作戦計画を立案し、それを連合艦隊に指示した。これを受けて連合艦隊司令部は細部にわたって綿密な計画を練り、作戦要領として麾下の各部隊に発令した。八月四日のことである。

意気消沈の司令部にあってただ一人意気軒昂だった神先任参謀は、この作戦計画に全智全能を絞ったことだろう。それは驚くべき「奇道戦法」としてまとめられた。

サイパン攻防戦で大打撃を受けた機動部隊と航空隊の再建には、少なくとも半年に近い日時が必要だが、その余裕はない。同時に、目標がフィリピンであることは明白。そこでフィリピンに残存の基地航空兵力と呼応して、連合艦隊の水上兵力の全力を投入、米上陸船団を撃滅するのを目的とした。輸送船を相手に艦隊を潰す、異常な決心なのだ。

そのため遠く本土から南下する空母艦隊を囮《おとり》とし、米機動部隊の強打力を殴り込み水上部隊から吸い取ってしまおうという、一つの主力艦隊を全滅させてほかの艦隊の作戦目的の達成を計る、それは世界海戦史上かつてない酷烈な、そして窮余の作戦計画であった。戦理の常道にはない、奇道というほかはない。

劣勢になった艦隊は、強力な相手との戦いを避けて勢力を温存、そして敵艦隊を牽制し、講和条件を有利にするような役割を果たすべきだという、いわゆる「艦隊保全主義」(fleet-in-being)が、海軍戦略の常道である。当然、その議論はあったろう。それを捨て、「奇道」の戦術を連合艦隊は採用したのである。

そこには神参謀の戦術思想が色濃くにじみ出ているように思われる。サイパン奪回のために大和・武蔵を投入せよと説いて回った烈々の気迫が、積極戦法が、捷号作戦要領に浮かび上がる。十分な計画を練り、戦機に全力を投じるに迅速果断であるべし、である。国破れてなんの艦隊やある、殴り込みあるのみ、神参謀はそう心で叫んだにちがいない。

八月一〇日、神参謀はマニラへ飛んだ。決戦主力となる栗田健男《たけお》中将指揮の第二艦隊司令部との作戦打ち合わせのためである。説明された作戦計画に、第二艦隊参謀たちは驚倒した。栗田艦隊は敵機動部隊との交戦は考えず、敵の上陸地点に突入して輸送船団を潰せ、という。そのために小沢治三郎中将指揮の機動部隊が犠牲になる。だれもが予想もしなかった奇警な構想に、第二艦隊の失望と不満は大きかった。

たしかに大艦巨砲の時代が去ったことは理解していた。とはいえ、大和・武蔵を中心に戦艦七、重巡一一など艦艇三九隻の堂々たる陣容を残していた。それが敵主力の撃滅を目標とせずに、輸送船団を相手に海軍掉尾の戦いをしろという。

「ならば、連合艦隊長官は、この突入作戦で輸送船と差し違えで、水上部隊をすり潰しても構わぬと決心しておられるのか」

神参謀は答えた。

「比島を奪られたなら、南方資源地帯との連絡を絶たれて日本は干上がります。どんな大艦隊をもっていても宝のもち腐れとなる。どうあってもフィリピンを手離すわけにはいかないのです。したがって、この一戦に連合艦隊をすり潰してもあえて悔いはない。これが長官のご決心です」

それは同時に、作戦参謀としての神大佐の悲壮な決意でもあった。「長官がそれほどの決心をしておられるのなら、なにもそれ以上言う必要はない」と、第二艦隊参謀たちもようやく納得した。

だが続けて、「しかし、突入作戦を阻止すべく敵艦隊が現れたとき、輸送船団か敵主力艦隊か、二者どちらかに惑う場合は、輸送船団を捨てて、敵主力撃滅に専念するが、それで差し支えないな」と、第二艦隊参謀長が念を押し、それに対して神参謀が、「差し支えありません」と答えたという。

本当だろうか。参謀長の戦後の手記ではそういうことになっている。事実とすれば、神参謀はこの瞬間に九仞《きゆうじん》の功を一簣《いっき》に欠いた。奇道の作戦は一分の破綻たりとも許されない。目的に真っしぐらに進んでこそ、一か八かの賭けになる。そこに例外事項などを入れるのは全作戦を崩壊させる因となることを、戦術の神様が知らないはずはない。だが神参謀は承諾を与えたことになっている。

その結果なのであろう。レイテ沖海戦での栗田艦隊の動きは、もどかしいの一語に尽きる。しかし連合艦隊司令部が戦闘部隊に「天佑ヲ確信シ全員突撃セヨ」の督促電報を送るなど、日本海軍始まって以来の悲壮感を交えながらも、奇道作戦は惜しみもなく捧げられた殉血の報酬として、見事に大成功を収め――ようとした。

戦うものは、しょせん人である。そこには人本来の過誤、油断、不手際が付きまとう。その集積いかんによっては、どんなに強大を誇る軍隊でも、たちまち全滅の危機にさらされる。アメリカ上陸船団にとっては、まさにその瞬間だった。だが、レイテ湾を眼前に、栗田艦隊は幻の敵機動部隊を求めて謎の反転をし、遠く去っていった。勝機もまた去った。それも、神参謀の一言が反転の理論づけとなっている。

作戦終了後、第二艦隊参謀が上京し、戦闘経過を報告したとき、「味方航空兵力の傘のない場合、水上艦隊が航空兵力の強大な敵を相手として戦うのは無謀も甚だしい。これからは、一切このような戦いを連合艦隊にやらせぬようにしてもらいたい」と、実戦側は軍令部に強硬に抗議した。

軍令部作戦課長からその申し入れを受けたとき、神参謀は激昂して反駁した。

「これまでの戦闘において作戦が失敗したのは、戦う指揮官の勇気が欠けていたためなのである。断じて決行の勇気さえあれば、優勢な敵航空兵力があろうとも、水上艦隊をもって上陸作戦当初の攻防戦に参加させ、勝利を得ることは、必ずしも不可能ではない」

またしても、第一次ソロモン海戦が顔をのぞかせている。断じて行えば鬼神もこれを避くのである。神参謀の強烈な信念は、大海軍壊滅の悲惨を前にしても、なおさかんに燃え盛った。

戦艦大和の沖縄特攻
――神参謀の牽引により作戦は発動された

昭和二〇年は特攻の時である。日本本土への空襲は熾烈さを加えた。フィリピンの戦いは日を追って不利となり、硫黄島も奪われた。戦勢は悪くなり、綿密な計画も立たなくなり、一貫した指導方針もなくなると、大本営はひたすら精神力に頼るほかはなくなった。生命の執着を断ち切ることを最高の美徳とし、特攻が唯一の戦法となった。

神参謀がそうした特攻攻撃の強力な推進者であったとは思えない。寡をもって衆に当たるに最高の戦術として、彼が主張した殴り込みも、九死に一生を限度とする。智謀の人であるだけに、十死零生の作戦をむしろ邪道と否定したかとも想像できる。

にもかかわらず、その全軍特攻の気運は、己の信念の、最後の賭けのため絶好条件になると、神参謀の目には映じたかもしれない。それが、大和特攻として彼によって計画されることとなる。

四月一日、米軍の沖縄上陸。連合艦隊は準備の完了する四月六日から航空総攻撃をかけることをあらかじめ指令していた。この作戦を菊水一号と呼称したが、その時点では水上部隊を注ぎ込む計画はなかったのである。

ところがその四日、菊水作戦指導のため九州・鹿屋に飛んでいた連合艦隊参謀（水上部隊担当）三上作夫《みかみさくお》中佐は、神首席参謀から緊急電話を受ける。

「本日、軍令部総長が、陛下に作戦奏上のとき、総攻撃は航空部隊だけかとのご下問があった。総長は海軍の全兵力を使用致しますと奉答した。そこで今、軍令部と連合艦隊と作戦について打ち合わせ中だが、水上部隊の沖縄突入作戦が計画されることになるだろう。あらかじめ連絡しておく」

大和特攻の計画第一歩である。担当参謀が寝耳に水と仰天した作戦が、担当参謀の留守の間に、総長奉答の一言によって計画実行へと移されていく。しかも事実は、軍令部と連合艦隊が打ち合わせてではなく、主唱者の神参謀が牽引車となって、その必死の関係者説得によって作戦が発動されるのであった。

軍令部作戦部長富岡定俊《とみおかさだとし》少将は反対だった。そこで作戦の総元締めの部長を素通りにし、軍令部次長小沢治三郎中将に会うと、神参謀は必死に了解を求めた。総長及川古志《おいかわこし》郎《ろう》大将が黙って聞いているところで（総長室にまで乗り込んだのだろう）、小沢次長が全般の空気を慎重に勘案して、作戦は決断された、という。「連合艦隊長官がそうしたいという決意なら、よかろう」と。

三上参謀とともに鹿屋にあった連合艦隊参謀長草鹿龍之介《くさかりゅうのすけ》中将は、電話で海上特攻計画の意見を聞かれ、「長官が決裁してしまってから、今更、参謀長の意見はどうですか、もないものだ」と激怒したという。そして、決断を下した連合艦隊長官豊田副武《そえむ》大将の、戦後の述懐はこうである。

「当時の私としては、こうするほかに仕方がなかったのだと言う以外に弁解はしたくない」

完全に失敗に終わった沖縄への特攻作戦
——神参謀の「太平洋戦争」とは何であったか

神参謀の二日間にわたる不眠の努力は、殴り込みとして実を結んだ。豊田長官は、六日、全軍に訓示を送った。

「……海上特攻隊ヲ編成シ壮烈無比ノ突入作戦ヲ命ジタルハ　帝国海軍力ヲ此ノ一戦ニ結集シ光輝アル帝国海軍海上部隊ノ伝統ヲ発揚スルト共ニ其《そ》ノ栄光ヲ後昆《こうこん》ニ伝ヘントスルニ外ナラズ……」

大和部隊が真紅の大軍艦旗を掲げ、徳山湾を倉皇として後にしたのが六日午後六時。そして翌七日の午後四時三九分には、豊田長官は突入作戦中止の電令を送っている。大和以下六隻沈没、戦死三七〇〇名余。日本海軍の伝統と栄光のために、兵理を無視してあえて実行した特攻作戦は、沖縄にたどり着くことなく、完全に失敗に終わった。

神大佐は参謀として大和乗り組みを強く希望し、特攻戦死を期したが、人事局で容れられなかったという。生き残って大和沈没の報を聞いたときの心奥を想像すると、息が詰まり、背中に冷たいものが走る。そのときにしてなお、指揮官の勇気の欠如を非難していたであろうか。

開戦前からこの大和特攻まで、己の信条とする積極撃滅主義を主張し続けた神参謀の「太平洋戦争」とは、いったい何であったろう。戦えるだけ戦ったという満足感か、事ごとに志通りにならなかった挫折感か。もちろん、一参謀の力などで大組織が動くはずのないという反論は承知である。

捷一号、大和特攻といった大作戦が、神参謀ひとりの発意だけで採り上げられるわけがないだろう。それと、陸軍参謀と違い、海軍参謀に指揮権がないことも知っている。参謀はあくまで補助者であり、指揮者ではない。スタッフがラインに干渉すべきではない、それが海軍の伝統であり習慣であったからだ。

しかし、なおかつ、神参謀の太平洋戦争とは何であったかと問いかけたい。山本七平氏の『空気の研究』をもち出すまでもない。帝国海軍という大所帯ではなく、今日の大企業における社長室あるいは企画開発室のような、軍令部作戦課または連合艦隊司令部といった小さな中枢の部分で、果たして強烈な個性と思想をもった個人が過去の栄光を背負いつつ、牽引車的な役割を果たすことは金輪際あり得ないことだろうか。

戦う集団といえども、海軍は年功序列の厳しい世界だった。海大優等卒が暗黙裡に物を言った。しかもその人は、戦場の名参謀でもあった。奇矯でない人格、その活動性と敏速性、鋭敏な頭脳、仕事に対する熱心さ、組織への献身、旺盛なバイタリティー、確固たる戦術思想を堅持する態度、どれ一つをとっても、人間として見れば讃歎に値するのである。

名参謀といわれた富岡定俊少将が戦後に述懐された言葉が、改めて印象深く想起される。「われわれには作戦研究はあったが、戦争研究はなかった」と。

指揮官そして参謀の力量は、常に兵力の運用のみにおいて発揮された。常にオペレーションだけであり、維持そして補給といった面は忘れられた。トータルに戦争を見ることなどはまったく不可能だった。それだけに、少壮参謀の活躍できる余地はあったのである。

太平洋戦争末期の水上戦闘は、大艦巨砲主義の名残によって戦われたのではない。迅速果敢な殴り込みこそは成功の途であり、とくに上陸作戦当初こそが最高の戦機なのである。そして、成否は指揮官の勇気にかかっている。戦勝こそは、指揮官にとって人間として味わい得る最高の喜びを与えてくれる。そうした一つの戦術思想再現のために戦われた。

1945年4月、米海軍の攻撃により日本海軍の戦艦大和が爆発
出所：NH 62582 courtesy of the Naval History & Heritage Command

昭和二〇年六月、神参謀は第十航空艦隊参謀長として、本土決戦のための航空特攻訓練に余生を傾けた。そして敗戦。残務整理のため北海道への任務行動中、飛行機事故に遭い、海上に不時着、脱出生存の機会もあったが、乗機とともに神参謀は永遠の沈黙に入ったといわれる。九月一五日のことだ。厚生省（現・厚生労働省）の原簿にはただ「死去」とのみ記されている。

［主な参考文献］
防衛庁戦史室『大本営海軍部・連合艦隊』(6)(7)
高木惣吉『私観太平洋戦争』（文藝春秋）
大井篤『海上護衛戦』（朝日ソノラマ）
山本親雄『大本営海軍部』（同右）
吉田俊雄・半藤一利『全軍突撃――レイテ沖海戦』（オリオン出版社）

V

国破れて「駆逐艦」あり

太平洋戦争と「雪風」

――最後まで闘い抜いた「消耗品」

日本海軍最強の駆逐艦と云われた「雪風《ゆきかぜ》」。
昭和一六年（一九四一）の真珠湾攻撃による開戦の日から、
昭和二〇年の終戦の日まで、そのほとんどの海戦で、
大きな損傷を受けることなく、働き続け、生き残った。
戦は人なり、駆逐艦は人なり――。
自分らがやっているのは戦争学の研究ではない。
どうやって生き残って、戦争に勝つかということだ。
そう思う男たちが、一体となって、一つの艦風が作られていた。
鍛えぬかれた下士官兵の一人一人が、機械の部品のように、持ち場で黙々と働く。
動きには無駄がなく迅速で、命令や報告の伝達は自動装置のように流れ、
仕事は日常茶飯事のことのように果たされる。
そこから生まれた男の友情が、小さな鋼鉄の船を包む。
その上に、勇猛で誠実で人情味溢れ、
自らを「消耗品」と思う矜持ある艦長がのっかることで、
一騎当千の駆逐艦が造り上げられた――。

海軍きっての劣等珍記録をもつ
ネジリ鉢巻の大入道・寺内正道艦長

昭和二〇年四月、戦艦大和《やまと》を中心とする沖縄特攻作戦での、駆逐艦雪風の奮戦を、かつてこんな風に書いたことがある。

《……艦橋の、コンパス（羅針盤）の真上、屋根に開いた天蓋のふたをとって、そこからネジリ鉢巻の大入道が、すでに上半身を突きだしていた。霧雨が、その寺内正道《まさみち》艦長の顔をぬらした。低くたれた雲の向こうに、大爆音がこもってとどろいている。しかし、いま見えるのは灰色の空につながる灰色の水平線だけだった。

「大編隊、左二五度、高角八度、右に進む」

見張員の大声が寺内艦長にとどけられる。

「いまの目標……三十機以上、いや百機以上……」

それが、いま、雲を突き抜けて、艦隊に襲いかかってくる。寺内艦長は凛然として叫んだ。

「射ち方始め」

続いて、

「前進全速ッ」

迎撃をうけた米攻撃隊はそのまま正統でない攻撃を開始した。（中略）

艦長の号令が、鋭くきびしく各方面にとんだ。いささかの遅滞もゆるされなかったし、ささいの過ちがあってもならない。瞬間の逡巡が致命傷になるからだ。

「右三〇度の飛行機、本艦に向ってきます」

「爆撃機左一〇度本艦に向う」

見張員の矢継ぎ早の報告が次々にとんだ。同じ機影を別々の角度からみて、それぞれが報告してくる場合がある。それらを見分け、適切な処置をずばりと艦長はくだすのである。

そのために、三角定規が役に立った。ネジリ鉢巻の艦長はやおら定規を出すと、敵機にあててみるのだ。間違いなく、雪風に向っているとわかったとき、

「面舵ッ！」

二五〇〇トンの艦は、震動もはげしく、きりきりと軋み、右に頭をふりはじめる。速

戦前の「雪風」
出所：NH 73052 courtesy of the Naval History & Heritage Command

力三五ノット、といえば、一秒間に一七メートル、浮かべる城がすっ飛ぶのである。

攻撃機群は怒り狂ったように波状攻撃をくりかえし、数トンの爆弾を投下し、機銃掃射を艦橋中心に加えてきた。しかし、剛毅の艦長は首をすくめようともせず、ネジリ鉢巻に三角定規。たしかに飛び出ているのは弁慶のような入道だが、その号令のもと正確に、雪風は牛若丸のようにひらりひらりと体をかわし、猛烈な反撃を加えていた……》

応戦すること二時間一〇分余ののち、午後三時二三分、大和は沈没した。第二艦隊一〇隻のうち、なお海面に浮いているのは冬月《ふゆづき》、初霜《はつしも》、雪風、そして大破した涼月《すずつき》のわずか駆逐艦四隻。特攻作戦はここに挫折した。しかし、なお闘志を燃やすのが雪風であった。

その雪風をさらにこう書き続けた。

《……冬月坐乗の駆逐艦司令に指揮権がゆだねられた。ただちに、寺内艦長は信号を送った。

「すみやかに行動をおこされたし」

意味することは、大和が沈もうと一艦でも残っているかぎり沖縄突撃の命令をはたそう、という督促だった。信号を発するとともに、艦長は沖縄への直行前進を下令した。ひとり艦首を南に向けた雪風の檣上の戦闘旗が風をきってひるがえった。

駆逐艦司令はさすがに迷っていた。波間には、沈んだ僚艦の乗組員がただよい、救いを待っているのである。

(中略)

雲はいぜんとして低く、霧雨のなかに暮色が早くもしのびこんできている。重油の浮いた海面はひだを寄せながら黒ずんで、はてしなくひろがっていた。

連合艦隊司令部より、生存者を救助しただちに帰投せよ、との作戦中止命令が残存駆逐艦長にとどけられたのは、午後四時三〇分だった。雪風は敗残の海に慌ただしくもどってきた。孤独な敗戦の後始末をするために。不沈艦は出撃以来二四時間余ぶりにそのエンジンをとめた。内火艇、カッターがおろされた。人を殺すためではなく、救うための戦いがはじまったのである。

ネジリ鉢巻の艦長は、またもとののんびりと煙草をくゆらせるだけの艦長にもどっていた。救助の途中で、敵潜水艦の近接をレーダーがしきりに告げていたが、なお雪風は動かなかった。

救助された大和の大佐参謀が艦橋にかけ上ってきて、

「雷撃の危険あり、早く艦を動かせ」

と、しきりに催促した。たしかに、停止した駆逐艦など、敵潜水艦にとっては、これを撃沈することは赤子の手をねじるに等しかったろう。

はじめは馬耳東風に寺内艦長は聞き流していた。が、ネジリ鉢巻の顔をぐいと、うるさくいう大佐参謀にふり向けると、艦長はついに爆発した。

「うるさいッ！　余計なことをいうな。この艦の指揮官は俺なんだッ」

このとき、艦橋にいた雪風乗組員は、われらが艦長の大尉時代九年間という海軍きっての劣等珍記録のわけが、身にしみてわかった。同時に、泣きたいような感動にゆさぶ

られているおのれを、誰もが発見するのだった……》

「たとえ大和を失っても沖縄突入はわれわれの任務だ。雪風一艦でもかまわん、沖縄へ突撃するぞ」

雪風という一隻の駆逐艦の、好運ともいえる頑強な戦いぶりを書くために、二〇年も前のカビのはえた記録をひっぱり出したのは、決してものぐさだからではない。このときの雪風の、いや連合艦隊にとっても最後となった勇戦のなかに、この駆逐艦の真骨頂のすべてがうかがわれる、と思えるからである。

開戦前から第一線で働きつづけ、終戦まで生き延びた強運の駆逐艦は五隻ある。雪風、潮《うしお》、響《ひびき》、神風《かみかぜ》、春風《はるかぜ》である。これらは、艦長や士官は何人か交代したが、終始同じ下士官・兵の乗組員によって動かされ、戦い続けたのである。ときに負傷退艦、補充乗艦の若干の交代があったとしても。

戦さは人なりという。同じ伝で、駆逐艦こそは人なりである。乗組員約二五〇人、そして狭い居住区。艦長から一水兵までの距離は物理的にいやでも近くならざるを得ない。

そこから生まれる一体感、相互の信頼感、それがそれぞれの駆逐艦の艦風をつくりあげる。戦艦、空母、巡洋艦など菊の紋章をつけた軍艦とはおのずと異なっている。

アメリカ海軍では駆逐艦のニックネームをティン・カンといった。Tin Can である。訳してみればブリキ缶、言い得て妙であろう。事実、日本の駆逐艦の船体は、端的に言えば薄い亜鉛メッキのブリキ製であった。キール中心のいちばん厚い中央部でもほぼ二〇ミリ、その左右の艦底部は六～八ミリ（いずれも特殊高張力鋼）、舷側《げんそく》は吃水線《きっすいせん》付近が七ミリくらいにすぎなかった。

こんなに薄い鉄板に身を託して荒波に歯向かい、身を挺して魚雷をぶちこむ駆逐艦乗りは、いやでも性急な、勇み肌の兄イとなる。ざっくばらんで親しみやすいが、人品骨柄の粗野なものが多かった。かれらは無駄をいっさい嫌った。うわべの言葉やくどい理窟や、念入りな行動や小さな声を敬遠した。

兵学校出の艦長や士官たちも、水雷屋となると、それに負けず劣らずの猛者が多かった。報告の書き方や小利口な議論、そして金モールの参謀肩章などはどうでもいいこととして退けた。大事なのは敵と味方というきわめて単刀直截な理論だった。自分たちがやっているのは戦争学の研究ではなく、どうやって生き残って、どうやって戦争に勝つかということだと思っている。腹の中は、まるで五月の鯉のぼりのように爽快な連中だった。

　そんな男たちが一体となって、一つの艦風を作るのである。敬礼にまで無駄をはぶいた。ゴム草履で艦橋に立つ士官もあれば、腰に手拭いの艦長もあった。

だが、そこには一本筋の通った最高至純の軍規が貫かれている。これなくして駆逐艦はあり得なかった。それは猛訓練によって鍛えぬかれた下士官兵の技倆《ぎりょう》だった。責任感だった。かれらは一人一人が機械の部品のように持ち場で黙々として働き、しかも動きに無駄がなくて迅速だった。

　かれらは正確に、自分のしなければならないことを知りぬいていた。そして、だれもが最善をつくして任務を果たしていると互いに信じきった。そこから生まれるチームワーク……。

　こうして駆逐艦はかぎりなく訓練をつみ重ね、極端に複雑な構造をもちながら、厳密な一つの機能のもとに（艦長の号令一下）動く鋼鉄の塊と変るのである。命令や報告の伝達は自動装置のように流れ、仕事は日常茶飯事のことのように果たされ、そしてそこから生まれた男の友情が、小さな鋼鉄の船を包んでしまう。

その上に、勇猛で誠実で人情味溢るる艦長がのっかれば、文句なしに、一騎当千の駆逐艦が造り上げられるのである。事実、駆逐艦ほど、艦長の勇気、度胸、闘志といった精神力とリーダーシップが、重要な役割を果たす艦はなかった。だから、

「この作戦は連合艦隊司令部が俺たちに〝死ね〟と命じた殴りこみ特攻なんだ。たとえ大和を失っても沖縄突入はわれわれの任務だ。雪風一艦でもかまわん、沖縄へ突撃するぞ」

と、雪風艦橋で、ネジリ鉢巻の寺内艦長が髭をひねりながらいったとき、乗組員は誰もがそれを不思議と思わなかった、というより、それを当然のこととして受けとめたのである。否、むしろかれらは感動すらしていた。そのために母国を後にしてきたのではないか。だから、南下を開始し、戦闘旗がはためいたとき、誰一人として後をふり向こうとするものはいなかった。

戦場における人格とは、平時における講義や理論によって達得されるものではない

雪風は、開戦から終戦まで、四人の艦長の指揮によって戦われた。飛田《とびた》健二郎《けんじろう》中佐

（昭和一六年七月～一七年六月）、菅間良吉《かんまりようきち》中佐（昭和一七年六月～一八年一二月）、寺内正道中佐（昭和一八年一二月～二〇年五月）、古要桂次《こようけいじ》中佐（昭和二〇年五月～二〇年一一月）である。

　ここで想い出すのは、十数年前のことだ。雑誌の仕事で、この四人の元艦長にお集まり願い、雪風のことを存分に語っていただいたことがある。それは、鋼鉄の塊りが鋭い刃のように海をきって進むのに似た、痛快きわまりない三時間だった。

　それをいま構成し直してみる。

＊　＊　＊

飛田　なんたって雪風を世界一の艦《ふね》にしたのは菅間艦長だよ。わしが移ったころは、ちょっと機関科にアカン筋があっとって、これはいかん、と感じたもんだったのにな。

菅間　いやいや、私より飛田さんですな。雪風にはすでにしていい艦風ができていた。一言でいうなら、なごやか、というか、上から下まで一緒になって酒をのむ。ワイワイいってね。

寺内　菅間さんはずいぶん苦労したと聞いとるよ。

飛田　要するに艦長は自分を殺さないかんと思いますな。そして、どんなヤツでも一緒に抱いていくような気持ちにならんといかんのじゃないかな。そんな艦長が強い艦をつくる。

古要　その点、菅間さんは人情艦長として有名でしたな。

菅間　それに雪風の場合は士官がよかった。乗組員約二五〇名の上から下までピリッとしていたのは士官、とくに先任士官がよくやってくれたからだと思いますね。

飛田　艦長としては、たとえば「面舵ッ」といったときには、艦がピュッと面舵をとる。「後進ッ」といったらピュッとかかる。これがいちばんなんだが、これはまず艦長に信頼がないといかんだろう。

寺内　ふだんの出入港の時が大事なんだな。どこの港へ入ろうと、ぐるっとまわれ右し後進に入ってキュッといくでしょう。それが、隣の艦がまだもたもたして、岸から引っぱったりしている。こっちはすぐつないで「解散ッ、上陸用意ッ」とやる。兵隊さんの意気ごみが違いますな。

古要　それは違うね。艦隊演習なんかで何十隻も港へもどってくる。最初に錨を入れちゃうとか、早くブイにつないじゃったら、兵隊さんは「うちの艦長は、やるぞォ」ってね。

飛田　錨を入れて「敬礼ッ」といったらすぐ上陸用意、そして上陸ッ。ほかのやつはもたもたしているのに、さっさと陸に上げちゃったら、以後ぴしゃッとしたんだ。それが雪風を強くした。

寺内　なかには堅苦しい艦長がいてね。司令駆逐艦が上陸しないからといって、待っている。そういうやつの艦は、みんな沈んじゃった。

飛田　「機械よろし。舵よろし」と艦長がいうのを、底のほうの機関科の連中は待ちに待っとるんだからな。それにしても、みんな菊のご紋章のついた艦には乗っとらんだろう。

寺内　そうだ、そうだ、乗っとらん。ずっと乞食商売だ。

菅間　楽しく駆逐艦暮らしばかりですな。

古要　駆逐艦乗りは面白いからね。小さいといえども一国一城の主だし……。

飛田　とにかく、さっさと艦をつけたら、上陸用意ッ、この一語につきるね。そうしておいて、「要所要所をよく洗っておけ」と号令する。いちど小沢治三郎さん（中将）に笑われた、「そんな号令は海軍にないぞ」と。しかし、よく洗っておかんことには、

女性に失礼になる。（笑）

＊　＊　＊

四人の艦長が談笑のうちに語っているのは、部下のしっかりとした信頼を指揮官はいかにして得るかであろう。かれらは、入出港時の操艦という具体的な、ある一面では笑話的な技術論として抽出する。が、実はそれだけではない。この操艦の巧拙が、艦の運命を支配することを示唆しているのだ。おのれの決断に十分に即応できる部下の技倆。それだけの技倆をもちながらも、艦長に対する信頼をわずかに欠いたために戦闘力とならなかった悲劇。それを語りかけている。

艦長の本務は、潜在能力に生命を与えて、これを指揮に直結せしめるにある。

戦場にあっては、いかに勇敢であろうと、人は死との最初の出会いには足をとめて逡巡する。そのとき、部下の眼は本能的に艦長に向けられるのだ。そして艦長やその周囲に小さな混乱でも見つけたりすれば、あるいはすでに疑惑のタネがまかれていたとすれば、自分のしなければいけないことを忘れてしまう。かれは隣の戦友によりそい、いつか戦闘力は縮小する。そのとき、もし砲弾や機関銃の掃射が一群を薙《な》ぎ倒すようなことがあれば、その凄惨な光景が恐怖をさらに蔓延させ、算を乱した精神的退却となってあられるのである。

艦長たちは痛切な体験をあらゆる機会に学んだ。そして、統率とはそのようにして形成された人格であることを知ったのである。

戦場における人格とは、思いやりとか親切とかではなく、いわんや学識とか雄弁によるものではない。平時における講義や理論によって達得されるものでもない。常に部下を熟知し、重大なときに適切な指示を与え、態度が自信にみちて右顧左眄《うこさべん》することがなければ、部下の眼に確乎たる存在として映る。それが〝人格〟だとかれらは知ったのである。

軍紀の厳正こそが力の源泉であるという。士気と訓練のみが勝利への道だ。だが、軍紀というのは機械的な力ではなく、とり扱いの如何によっては驚くほど変化する生きた力である。

「上から下まで一緒になって酒をのむ。ワイワイいってね」という言葉の底には、部下の全員を熟知している艦長の自信がある。生死のやりとりの間において、こうした雰囲気は信頼を生み、指揮官にびっくりするほどの力を与えたという。部下を知ることこそ、よく統御を学ぶことなのである。

駆逐艦雪風は、そうした艦長と士官をもち、そうした訓練十分な下士官・兵によって構成された字義どおりの戦闘艦であった。不沈、好運、奇蹟といった形容詞が冠せられるのは、決して故なしとしないのである。

太平洋戦争では、戦闘ないし戦術的な面ではすぐれた将兵の敢闘があったが、戦略または作戦指導の観点からみればほとんど人を得なかったとよくいわれている。同じように、個々の艦や飛行機の下士官・兵の勇戦は人間の域を超えていたが、戦場における指揮官の判断や理知や勇気に欠けたものが、まったくなかったか。

戦略の失敗は戦術で補うことができない。そして個々の戦術での上官の失敗は、兵たちのいかなる勇戦力闘をもってしてもカバーできないのである。戦闘の指揮の成否は学校の成績によるものではなかった。

判断と気力とが知能に先立つのである。どんなに難しい試験で優秀な成績を収めようが無意味である。戦場の砲火の下において判定するよりほかに仕方がないことなのだった。

予想とは異なった条件下で、死力をつくして働かなければならなかった悲劇の「消耗品」

駆逐艦雪風は陽炎《かげろう》型の第八番艦として、昭和一五年一月二〇日に竣工した。公試排水量二五〇〇トン（燃料三分の二搭載）、速力三五ノット、九三式六センチ魚雷一六本。

日本海軍は開戦時に一一一隻の駆逐艦をもって戦争に突入したが、うち陽炎型一八隻、さらに改良した夕雲《ゆうぐも》型二隻（戦争中にさらに一八隻竣工）の二〇隻が最新鋭の駆逐艦である。（ちなみにいえば、激闘三年八カ月の末に、日本海軍は、この陽炎型および夕雲型の駆逐艦三七隻のうち、雪風を除いた三六隻のすべてを失って敗れ去った。まことに刀折れ矢尽きたの感を深くする）

すでに多くの人によっていわれているように、戦前の日本海軍の対米戦略は、中部太平洋における艦隊決戦において雌雄を決するというものだった。

このため軽巡洋艦を旗艦とする艦隊決戦用の水雷戦隊は、主力決戦の前日すなわちXマイナス一日、味方主力のはるか前方海面まで進出するのである。そして日の暮れかかるころ旗艦の軽巡は夜間偵察機を射出し、この水偵の敵情報告にもとづいて、水雷戦隊はさらに敵主力にせまる。やがて日没。とともに戦隊は真一文字に突進、敵の防火線を突破し肉迫する。

水偵は敵主力の上空に吊光弾を落とし、駆逐艦の肉迫雷撃を助ける。水雷戦隊は一斉に魚雷を発射、敵主力を網の目のような射線でつつんで撃破する。襲撃は夜の明けるまで何回となくくりかえされ、敵主力を二隻でも三隻でも減らし、X日の艦隊主力決戦において対等の兵力にもちこみ、一挙に勝敗を決しようという。

昭和初年の軍縮条約によって後れをとり、兵力比において〝絶対の勝利〟に自信をなくした日本海軍が、苦心の末にあみだした大作戦。つまり海空一体の夜襲魚雷戦だ。これこそが陽炎型・夕雲型の最新鋭駆逐艦に期待された、とっておきの戦術だった。

このために、駆逐艦の性能はもとより、兵器も、魚雷も強化された。夜戦専用の特殊兵器が改良され実用化された。レンズの直径が一五センチという、怪物のような双眼鏡がつくられた。

真ッ暗な海面を一切の灯火を消して、全速力で、緊密な編成をたもちながら肉迫する。唯一の頼りは肉眼である。このため〝技神《しん》に入《い》る〟まで、乗組員は訓練された。それは訓練などという生っちょろいものではなく、いつでも死と隣りあわせての猛烈きわまるものであった。

それが雪風であり、陽炎型・夕雲型のほかの僚艦だった。練りあげた技倆は世界一を誇ってもよい水雷戦隊が、太平洋を狭しと走りまわることができたのである。もし、夢にまでみた艦隊決戦が実現していれば……。

しかし、戦争は生きものだった。時々刻々に動き、決して過去にとどまることはなかった。常に新しい戦闘の様相が展開し、しかも、それは予想を許さず、また過去の戦訓はどれ一つとして当てはまろうとはしなかった。戦争の現実が常に指揮官の意表に出るのであった。

その現実はきわめて冷厳だった。戦闘の実相は空間・時間・速力・操作のたくみな配合を仮借なく蹂躙した。ましてや芸術的訓練のごときはまったく無視された。雪風が所属していた第二水雷戦隊（略して二水戦）といえば、高速で、すぐれた運動性能をもち、航洋性にまさる新鋭だけで編成する突撃一本槍の攻撃部隊だった。だが、その闘争集団を待ちうけていた戦闘は、そんな夢みたような夜間肉迫雷撃戦なんかではなかった。

低速の大型艦の護衛、船団護衛、船団がわりの輸送、強行偵察、陸上砲撃、哨戒《しょうかい》、沈没艦船の乗組員救助、味方不時着機の搭乗員救助（これをかれらはトンボ吊りといった）、損傷艦の護衛……。かれらはそうした好まざる仕事をするために、ありとあらゆる戦場にかけつけた。艦隊決戦などはあり得ないとわかっていながら、戦艦や重巡洋艦は、温存されていた。

陽炎型も夕雲型も、本来の目的は、対潜水艦攻撃用のフリゲイトでもなければ、船団護衛用のエスコートとして造られたものでもなかった。にもかかわらず、夜襲雷撃に夢をかけながら、護衛に運送に、実によく走り、戦い、そしてまた走り、そして痛憤を沈黙に秘めて次々と消えていった。

ひとり残った雪風は、そうした近代戦のもつ苛酷さに対する証人なのだろう。予想とは異なった条件下で、思いもかけなかったような役割に、死力をつくして働かねばならなかった悲劇の消耗品。〝栄光〟の駆逐艦なんかではない。

とはいえ、緒戦のころの雪風は、戦況に比例して颯爽と戦っている。

昭和一六年一二月八日、フィリピンのレガスピー急襲部隊をのせた船団を護衛し、パラオを出港して雪風は、第十六駆逐隊の先頭に立った。僚艦は天津風《あまつかぜ》、時津風《ときつかぜ》、初風《はつかぜ》で、いずれも陽炎型である。

一二月一二日、陸軍部隊のレガスピー上陸成功。湾内に敵の艦船もなく、手もち無沙汰の水雷戦隊を襲ったのは、山間いから不意に急降下攻撃を加えてくる米軍機だけだった。くりかえし攻撃すること十数回というが、ともにさしたる戦果も被害もなく、爆音と銃声の交換のみで終った。

このあまりパッとしない初陣のあと、雪風は単艦で陸軍部隊の連絡将校をのせ、ラモン湾に向った。そして一二月二四日夜明け、ラモン湾に入ろうとした雪風をまたも米軍機が襲った。機銃弾一発は重油庫を貫通、さらに数発が魚雷発射管に鋭い金属音を響かせて命中したという。

無敵の機動部隊が敗けたのか――真珠湾以来の連戦連勝の象徴ともいえる「赤城」の炎上、漂流

雪風が幸運艦とよばれるのに、このときのことがまず第一に語られる。もし魚雷が爆発していたら、というのだ。戦場には、しかし、ifはない。命中弾であったか、力のない弾《だま》それ弾であったか、応戦の真ッ只中の乗組員が認識するはずはない。雪風の猛烈な反

撃が、敵機をわずかにひるませたと考えた方が、自然である。

雪風は負傷を応急修理で癒して再び出陣した。昭和一七年一月一三日、セレベス島メナド攻略の護衛、同二一日ケンダリーに進攻、二八日アンボンへ。さらに二月一七日にはチモール島のクーパン攻略戦に参加と、休みなく南方攻略戦で東奔西走した。

そして、緒戦での雪風をはじめとする水雷戦隊の奮戦は、この直後にくる。スラバヤ沖海戦である。それは太平洋戦争最初の水上部隊同士の戦闘となった。二月二七日、日本軍の蘭印攻略軍を迎え撃つため、米英蘭豪の東洋艦隊が残存の全力を結集した。連合軍は重巡二、軽巡三、駆逐艦一〇の編成。対する日本軍は重巡二、軽巡二、駆逐艦一三。しかし日本軍には足手まといの輸送船団が後方にひかえていた。

午後四時、両軍はスラバヤ沖で火ぶたを切った。しかし、合戦の第一合の重巡同士の砲撃は、長時間を要しながら、なかなか戦果があがらない妙な戦さとなった。夜に入って、水雷戦隊の突撃によってようやく決着がつく始末だった。連合軍の旗艦をふくむ軽巡二と、駆逐艦二が沈み、軽巡一が中破。いずれも一万メートルの遠距離からの魚雷発射の網にかかったものであった。

雪風も魚雷八本を発射した。

得意の夜戦、どの艦の魚雷が戦果をあげたのか、問う必要はない。水雷戦隊の各艦はそのおかれた位置、そのおかれた状況において、ひとしく最善をつくしたのだ。

このあと第十六駆逐艦は転戦して、ニューギニア西部方面攻略掃蕩戦に参加。ブナ、マノクワリ、サルミ、ホーランディアの各要港に侵入して攻略援護の目的を果たし、帰陣したのが四月二〇日。

この間の三月三日、雪風はスラバヤ北方海域で、オランダ潜水艦を発見、砲爆撃戦で撃沈という殊勲をあげた。海面に浮いた多量の重油の輪をみながら、将兵は誰が音頭をとるということもなく、自然と万歳を叫んだ。そして、黒板に艦長飛田健二郎中佐は、

「敵潜一隻爆沈確実と認む」

と大書したという。

その飛田艦長の述懐がある。

「わしが艦長のころは、勝ち戦さで幸運もへったくれもないんだ。どの艦もみんなツイていたよ。勝っているときはうまくゆくし、沈まんもんだ。雪風のいくところには何も起らん。そして、さあ行ってこい、といわれて護衛や海戦をやらされる。何も起らん。またやらされる。何も起らん。そうしているうち、俺はツイてるぞと思える。まあ、そ

んなもんなんだよ」

こうして雪風は開戦以来戦いの海を疾駆すること五カ月、人も艦もさすがにドック入りの必要がうまれてきた。南へ南へと進撃した海路を、いま北にとって、なつかしの母国に帰ってきたのが四月三〇日。戦勝にうかれる日本の夏のはじまりのときであった。そして、そのつぎに——。

生来の楽天家ともいえる飛田艦長も、その光景に思わず息をのんだという。あり得ぬと信じていたことが現実に起っている。暗黒の海に炎上、漂流しているのが日本の空母、それも真珠湾以来の連戦連勝の象徴ともいえる赤城《あかぎ》であることを見違えるはずはなかった。

六月六日の午前一時頃、ミッドウェイ海域。雪風は、天津風とともに、ミッドウェイ島攻略の陸軍部隊をのせた二列の輸送船団の先頭に立って、荒波を蹴立てて進撃を続けているときだ。

火だるまの空母は、まさしく赤城以外のなにものでもない。バルジが燃え、特徴あるアイランド型の艦橋が熔けおちんばかりであった。護衛の駆逐艦二隻が警戒と救助とで死者の海を疾駆している。海面にこまかい火花が散っているのは、重油が燃えているのだろう。艦長は思った。〈無敵の機動部隊が敗けたのか〉と。

事実、誰もが思いもしなかった惨たる敗北だった。遠く離れた北方海域、連合艦隊旗艦大和の艦橋では、つらい決断がなされようとしていた。参謀の一人が屈辱にまみれた

1942年6月、ミッドウェイ海戦（連合艦隊の空母が空襲される様子が描かれている）
出所：K-24233（U.S. National Archives）courtesy of the Naval History & Heritage Command

顔を上げていっていた。

「赤城が浮いております。あれを敵に曳いてゆかれて、展覧会でもやられたら、何としますか。陛下の御艦を陛下の魚雷で沈めることは、私にはできません」

空母加賀《かが》と蒼龍《そうりゅう》は沈んだが、赤城と飛龍《ひりゅう》は燃えて漂流中という厳しい状況下にあった。

連合艦隊司令長官山本五十六大将は、しかし、このときはきっぱりといった。

「陛下には私がお詫びする」

この一言がすべてを決したのである。

ガダルカナル島の争奪戦で、日本の駆逐艦は「猫のような虎」となって戦い抜いた

ミッドウェイ作戦の中止命令がでたのは午前二時五五分。全軍に対して敵飛行機の攻撃圏外への退却が命じられた。こうなれば、雪風は悄然としてはいられない。脚の遅い輸送船団である。あわてて反転、全速をあげて避退の航進に移った。

この暗夜の緊急反転のとき、別の海面では、ミッドウェイ島砲撃のため進航していた

重巡最上《もがみ》と三隈《みくま》が回頭のさい衝突、という不手際をおこしていた。スピードが落ち、このため夜が明けると、基地空軍の空襲をうけるという最悪の状況下におかれた。

これを艦上機の攻撃かと疑った山本長官は、近くにいた第二水雷戦隊に緊急索敵命令を発した。命をうけた雪風は、船団から離れると罐も割れんばかりに油をたいて東方に反転急航した。捜索数時間、しかし、敵影をみることはできなかった。

かわりに直視させられたのは、翌七日の早暁、人力排水で蹌踉として北上を続けている最上の惨とした姿だった。艦首はひしゃげ、中央部付近は鉄の残骸の山であった。雪風は近づいて乗組員の一部を収容した。敗残のあとも生々しく、血や硝煙にくすぶった顔と顔。気力を失った敗兵の姿は注視することもできなかった。

雪風の将兵は、このとき、敗北の悲惨のすべてを学んだ。敗れるということは、結局、自分たちが苦悩と恐怖とにこりかたまった受動的な群にすぎなくなることだ。そしてすべてを運命的な諦念におきかえてしまう。こうした恐怖に抵抗し、こうした意気沮喪を克服するためには、要するに雪風は敗けてはならないのである。ひるまず諦めず。たとえ戦略的に敗れることがあっても、雪風は勝つ、この一点だけが大事なのだ、と。

呉鎮守府所属の雪風が瀬戸内海にもどったのは六月二三日、待っていたのは飛田艦長にかわり、菅間良吉中佐の任命という辞令だった。

同時に、第十六駆逐隊は二水戦と袂《たもと》をわかち、新設の第三艦隊（機動部隊）に編入。軽巡長良《ながら》を旗艦とする第十戦隊に配属された。これは、ミッドウェイでの敗北の戦訓をうけた日本海軍が、目をさましてつくりあげた均整のとれた機動部隊なのである。

しかし、遅すぎた決断ではなかったか。ミッドウェイでの敗北は、作戦の主導権を米軍にわたすことを意味していた。もはや日本は好むときに好むところで積極攻撃をしかけ、短期決戦による勝利で講和にみちびこうという戦略を放棄せざるをえなくなったからだ。

そうなれば真ッ向からの激突あるのみ。雪風の戦いは、これからが本当の正念場を迎えるのである。その最初の戦いがガダルカナルであった。

『アメリカ駆逐艦戦史』という大著をあらわしたセオドア・ロスコオは、こんな風に書いている。

日本の駆逐艦というやつは、「知識をいっぱいつめこんだ無骨な水兵をのせた艦であった。このごつごつした小さな艦が、長い年月にわたって、金剛《こんごう》とか大和とかいう巨艦でさえも怖れをなして入ってこない狭い水域に侵入し、山本の連合艦隊のために、汗水たらして困難な仕事をやりとげた。激烈な作戦行動で、ひどく疲れてはいたが、もともと裏通りの猫のように、実戦と訓練とで鍛えぬかれた素早い男たちだ。かれらは老獪な猫の処生術――戦場においてどう姿を隠したらいいか、一撃を加えて逃げおおせるにはどうすればいいか、夜戦はどう戦えばいいかを、心得きっていた」

昭和一七年八月から幕をひらいたガダルカナル島（以下、ガ島）の争奪戦では、ロスコオのいうように、日本の駆逐艦は狭い海域に躍りこみ、実によく働いた。猫のような虎であった。疲労と消耗、生命のぎりぎりの限界のところで戦いぬいた。

昼間、前進基地のショートランドに集結した水雷戦隊を、米大型爆撃機が毎日のように襲った。将兵はこれを「定期便」といいならし、そのたびに駆逐艦は対空戦闘と回避運動のため湾内を走りまわり、爆弾投下とともに艦首艦尾をふって巧みに避けた。機銃音や爆発音、これを故郷の笛や太鼓になぞらえて「盆踊り」とユーモラスによんだ。

昼の定期便と盆踊りが終って、夜のとばりがおりると、かれらはやおら立ち上って仕事にでる。ガ島への補給であり増援だった。それは急行列車が時間どおりに猛スピードでレールの上を走るにひとしかった。アメリカ側がこれを「東京急行《トウキョウ・エクスプレス》」とよんだのに対して、日本の駆逐艦乗りは「ネズミ輸送」と自嘲した。不本意な任務に対するひそかな抵抗だったかもしれない。

それにしても何が楽しみで人間はこうした苦しい任務を平気な顔で遂行していたのだろう。人間の情熱とは、エネルギーとは、義務感とは……？　駆逐艦長ですら俸給とさまざまな加俸を合しても月に二〇〇円足らずしかない。日給でいえば、大尉が三円五〇銭、中尉が二円八〇銭、少尉が二円三〇銭、下士官はそれぞれ八九銭、七三銭、五三銭となり、一等水兵にいたってはわずか三七銭であった。

かれらを楽しませ慰めるものなど、このソロモン海域には何一つなかった。にもかかわらず、かれらは勇躍死地に足を踏み入れるのだ。使命感と同胞感、忠誠心と献身、そんな言葉をいくつならべてみたところで、駆逐艦乗りの心をいい当ててはいない。金モールや星の数や、あるいは赤レンガのデスクワークでは計れない何か、荒々しい感傷というか、男の侠気とでもいうか……それは、たとえば駆逐艦乗りになぜ駆逐艦乗りが好きなのかと尋ねたときに、きまって返ってくる答え、

「潮風にふかれてすっかり青さびのついた帽子の徽章が、ひどくカッコいいと思ってね」

そんなさっぱりとした、嘘や情実のない男らしい世界、それがかれらを平然と死地に赴かさせるのだった。

雪風は、そうした駆逐艦の典型だった。

南太平洋海戦、第三次ソロモン海戦……最後の一戦と覚悟した状況でも沈まなかった

雪風をふくむ第十六駆逐隊のガ島戦参加は、一〇月二六日の南太平洋海戦という大舞台であった。この海空戦は、日本軍のガ島総攻撃を阻止せんと出撃してきた米機動部隊を、好機として日本機動部隊が迎え撃ったのである。ミッドウェイ以来整備に整備を重ねてきた日米機動部隊が、こんどは奇襲や偶発ではなく、真ッ正面からぶつかり合った。

第十六駆逐隊はその主力というべき空母翔鶴《しょうかく》、瑞鶴《ずいかく》の直衛を任務とした。当然のことながら戦闘は米空母から発進してきた飛行機が相手である。対空戦闘につぐ対空戦闘——。戦果は日本側の勝利をもって終った。米空母一、駆逐艦一が沈み、空母一が大破したのに対し、翔鶴が中破しただけで、日本で沈没した艦は一隻もない。しかし、飛行機の損失は大きかった。米七四機に対し日本は一〇〇機を失った。

勝利とはいえ、戦闘の真実は、瑞鶴艦長の証言の中にあろう。僚艦翔鶴にものすごい

火柱があがったのを遠望しながら、

「はたして瑞鶴の見張員、高角砲、機銃員も、自分たちの任務を放擲して翔鶴に気を奪われ、呆然自失の態である。これが戦場心理というのであろう。艦長着任以来、一種の恐慌予想心理の潜在を恐れていたが、それを眼のあたりにして、私はただ叱咤号令するほかはなかった」

歴戦の雄たる雪風に、そんな敗北心理の生じようはずもなかった。駆逐艦の仕事は何よりも忙しかった。敵機との激闘を終えれば、戦闘の終った海面でさっそくトンボ釣りだ。味方空母損傷でやむなく不時着水し、海に浮き沈みしている搭乗員を救いあげねばならぬ。

海空戦では勝ったが、この時、ガ島の陸上総攻撃はまたしても失敗していた。理由は近代的重火砲の列に三八式歩兵銃や日本刀では、いかに勇猛であろうと、抗し得ないの一点につきた。ここから重砲を主体とする最後の総攻撃が陸軍によって策定された。そのためには船団による輸送、さらに、それを成功させるためには眼前の敵、すなわち敵の空軍力を叩いておく必要があった。

連合艦隊は、戦艦比叡《ひえい》、霧島《きりしま》の投入を決意した。その巨砲によってガ島の米飛行場を使用不能なまで事前に破壊しようという。このためこの二戦艦を中心に、軽巡一、駆逐艦一一の計一四隻を、狭い海峡に送りこんだ。もちろん米海軍が拱手傍観しているはずはなく、重巡五、駆逐艦八の一三隻をかき集め、地の利を武器にこれを待ちうけた。

一一月一三日金曜日の、第三次ソロモン海戦は過去の戦訓にまったくみられない混戦となった。狭い海域で、戦艦が主砲を水平にし、駆逐艦同士が機関銃を撃ち合うような超近接戦だ。乱戦力闘のはてに、米艦隊は重巡三、駆逐艦四が沈没、司令官戦死という手ひどい痛撃を負って退却した。(日本側は駆逐艦二が沈没)

雪風はここを先途と暴れ回った。魚雷が放たれ、高角砲は水平になって射ちまくられ、五インチ速射砲が火を噴き続けた。戦闘記録は炎上中の駆逐艦一にとどめを刺し、ほかの一隻にも致命傷を与えたとある。

しかし、そうした勇戦よりも不屈の雪風らしい戦いはこの後にある。

夜明けの海。すでに日本艦隊は米軍機の攻撃に備えて、反転北上し、全速力で戦場を去り、残されたのが舵をやられ進退の自由を失った戦艦比叡と、それを直衛する雪風と駆逐艦照月《てるづき》の三隻。雪風の誘導で必死に戦場離脱を試みるのだが、操舵の自由のきかぬ巨艦では思うにまかせなかった。そこへ最大の強敵、ガ島基地からの攻撃がはじまったのである。

基地からは二〇分ぐらいで飛んでこられる海域だったという。米軍機の攻撃は屍にむらがる禿鷹のようだったともいう。攻撃は夕暮近くまで続き、いかに堅牢を誇ろうと比叡の沈没は時間の問題と思われた。しかし、連合艦隊司令部からは「極力曳航せよ」の電命があるばかりだった。

午後四時半、照月は比叡の一般乗組員を収容し危険海面を離れていった。いまは雪風と瀕死の比叡が大編隊の攻撃にさらされている。至近弾は雪風の機関を損傷させ、秘術をつくしての「盆踊り」も不可能かと思わせた。

このあとは菅間艦長の回想を聞こう。

「第三次ソロモン海戦では、私が艦長をしている間の、たった一人の戦死者がでて、辛い想いをしたことは忘れられませんね。そして朝になって比叡がやられて、本隊が引き揚げたあとで雪風一艦で守っていたのだが、まもなく大空襲の連続で、このときはなんども駄目かと思ったな。艦橋のマンホールのような穴から首をだして、面舵、取舵とやって応戦した。そして最後の一戦かと覚悟したときスコールがきましてね、これは本当に運がよかった。そのなかへ逃げこむことができたから、雪風は助かった」

いや、最後の最後まで沮喪せずに力戦を続けた将兵の意気が、ついに直撃をうけず、スコールをよびよせたのであろう。そしてこのとき、雪風には沈まない神様がついていると、将兵たちは本気に確信したという。

激闘でも健在だった「雪風」には、内地へ帰港後、対空砲火がより整備され、「逆探」が備えられた

連合艦隊は、開戦以来初の戦艦喪失の痛手にも屈せず、戦艦霧島に再度のガ島砲撃を命じ、作戦の完遂を期した。米軍も必死に守り、新鋭戦艦二隻をくり出し、ここに殴り合うような戦艦同士の近接砲戦がくりひろげられた。結果は米戦艦一隻大破、一隻小破に対し、霧島は集中砲火を浴びて沈没。そして輸送船団も米軍機の攻撃で潰滅し果てた。

日本大本営のガ島奪回の夢は消え、ガ島は餓島となった。雪風が、呉軍港で機関の応急修理をすませ、ソロモンの戦場にもどったとき、戦勢は救いがたい状況にまで追いつめられていた。大本営は昭和一七年も押しつまった一二月三一日、ついにガ島撤退を決定した。

山本長官は「駆逐艦の半数を失うとも」の決意のもと、可動の駆逐艦のすべてを投入、昭和一八年二月、二回にわたってガ島の将兵の撤退作戦を敢行した。雪風はもちろんこれに加わっている。撤退は見事に成功したが、ガ島をめぐる戦いは致命的ともいえる打撃となった。戦勢の分水嶺がここにあり、日本は坂道を転がりはじめた。

開戦以来一年余、ともに太平洋を疾駆した第十六駆逐隊も、天津風が第三次ソロモン海戦で中破、初風もまたネズミ輸送の途次に魚雷艇の攻撃を受けて大破、それぞれ戦場から去っていった。戦場にあるのは雪風と時津風。

その僚艦時津風が沈んだのが、ガ島撤退一カ月後の三月三日のことである。それは凄惨としかいいようのない戦闘の末にだった。

ガ島撤退後、陸戦の焦点がニューギニアに移り、何としてもここを確保せねばソロモンの最前線が総崩れになる恐れがあった。そのための派兵として輸送船八、護衛駆逐艦八の大船団を、ひそかにニューギニアに送ったが、米軍機の待ちうけるところとなったのである。

空対海のなぶり殺しのような激闘の末、輸送船はすべて沈み、そして駆逐艦もわずか四隻が海面に残るのみ。米軍機はこのとき反跳爆撃《スキップ・ボンビング》という新戦法をもちい、この大戦果を獲得した。日本陸軍の精鋭七〇〇〇のうち三六六四名が溺死、という潰滅の悲運で、ニューギニア作戦はその出端をくじかれてしまった。

しかし、時津風は沈んだが、雪風は壮健だった。敵機が去ると、菅間艦長は決然として下令した。

「カッターおろせ、救助艇おろせ」

下士官・兵はただ夢中になって溺兵を海面から拾いあげた。B25二機撃墜の戦果など、さらさら誇る気になれなかった。

その後も、ラバウルを泊地とする雪風は、健在であるかぎりは働かねばならなかった。かれらの糧食は、基地を出撃するとき生鮮食糧をつむことがあっても全員の一週間分に満たず、あとはジャガイモ、タマネギなど二〇日分、それでも米・味噌・醬油はどうやら二カ月分をつみ、そして副食はすべて缶詰にたよった。菊の御紋章つきの軍艦では毎日昼食はフルコース、洋定食だったが、駆逐艦は三食とも簡単な和食。しかも海が荒れればにぎり飯と梅干と漬物ですます。

巡洋艦以上の士官は毎晩真水の風呂に入れたが、駆逐艦では毎週一回がいいところだった。小さな金だらい半分の水で歯を磨き、顔を洗い、体をふく。器用なものはふんどしぐらいをさらに洗濯していた。

こんな艦上生活をしながら雪風は踏んばっている。三月から四月にかけ、息をつく暇もなく多忙な輸送作戦につぐ護衛作戦の連続に明け暮れた。コロンバンガラ島へ、カビエンへ、フィンシュへと。

そして六月中旬、いったん内地へ帰港していた雪風は見違えるほど強力になって、再び前線へ進撃してきた。対空砲火がより整備され、その上に第一号ともいうべき「逆探」が雪風に備えられた。米軍のレーダーに悩みぬいた日本が苦心の末に発明した新兵器。レーダーを出している物体を、遠くから逆に探知してスクリーンの上に発見する装置だった。

七月一二日夜、この雪風の逆探が功を奏した海戦が生起した。コロンバンガラ島決死輸送の日本の小部隊（輸送隊＝駆逐艦四、支援隊＝軽巡一に駆逐艦五）を、軽巡三に駆逐艦一〇の米大部隊が奇襲した、いや、するはずだった。

が、雪風の逆探が素早く敵艦隊出現を捕捉していた。米艦隊の砲撃開始とともに、日本の水雷戦隊は突撃に移った。血尿を出しつつ輸送船の護衛に、武器弾薬や食糧の輸送に挺身してきたのも、この一瞬を待ちに待っていたからだ。

肉迫して魚雷を発射するために、船体の三分の二を占めるほどの大きな機関部をつみ、居住区を隅の方に押しやり、あらゆる不便と不平不満を押し殺しているのが駆逐艦なのだ。風雨と潮と油によごれた艦内で、これだけは一点の曇りもなく鏡のように磨きに磨いた九三式魚雷――蒼い殺人者。雪風はこの魚雷の手入れは全海軍一と誇っている。それをいま、一斉に射とうとする。

夜戦の結果は、日本が軽巡一を失ったに対して、米軍は軽巡三すべて大破、駆逐艦一沈没、同二大破。そして陸兵輸送は見事成功した。

国家の運命を賭けた航空決戦で、その「戦闘」に参加できなかった「雪風」

昭和一八年後半は、連合軍の猛攻が、日本軍に向って六方面から加えられたときである。日本陸海軍は勇敢にそれに立ち向った。しかし、急激にエネルギーを増してきたその力に、押しまくられ、じりじり後退を続けていた。

それだけにまた、この年は戦勢を一手に引きうけている感のある日本駆逐艦の受難の年でもあった。計二六隻が沈没し、その中には雪風のかつての僚艦初風の名もみえる。
だが、雪風は、大した損傷もなく護衛に輸送にとかけまわり、いぜん洋上にあった。それは第三次ソロモン海戦でただ一名の戦死者を出しただけで、なお頑健であるばかりではなく、一二月五日、トラック島付近で米潜水艦一隻撃沈の戦果をあげていた。(米軍の記録に合致)

そして一九年の新年を呉で迎えたとき、雪風の艦橋には、激務で病に倒れた人情家の闘将菅間中佐にかわって寺内正道中佐が、ダルマのような面構えを潮風にのんびり吹かせていた。先輩の飛田艦長が戦後に語った言葉が想い出される。「雪風がついに沈まなかったのは、とくにあの負け戦さのとき、あのすごい豪傑が指揮したからだ」と。

事実この人には、斗酒なお辞せずの豪酒がたたって大尉を九年も務めたという痛快なエピソードがあった。兵学校を出てからも、もっぱら敷設艦や掃海艇暮らし、「そのつぎがくさったような駆逐艦」と自らがいうように、いわば下積みからの叩き上げ。それだけに操艦は滅法うまかったし、戦争がはじまってからの勇猛ぶりは、すでに海軍になり響いていた。

最悪の時を眼前にして、この豪傑艦長をいただいた雪風は、さらに近代装備がほどこされ、腕力を強化した。一二・七サンチ連装砲塔を撤去し、かわりに二五ミリ重機銃を合計二九門を装備、そして前部マストに対水上二二号レーダー、後部マストに対空用一三号レーダーをとりつけた。これで引き潮の戦局に立ち向おうというのである。

三月末、開戦以来の僚艦天津風が一月中旬に輸送作戦中に沈没し、ただ一艦となった雪風は、同じ第十戦隊の第十七駆逐隊に編入された。（第十六駆逐隊は解隊）

新しい僚艦は浜風《はまかぜ》、浦風《うらかぜ》、谷風《たにかぜ》、磯風《いそかぜ》と陽炎型の、いずれも歴戦の荒武者ばかりだ。

いぜんとして護衛に輸送にと席をあたためることもなく雪風らがかけ回っている間に、戦況は徹底的に悪化した。日本軍の補給と、米機動部隊の攻撃予定日の寸刻をあらそう競争になった。アメリカ軍の〝東京への道〟は雄大な工業力を背景に、強力に突き進められてきた。日本大本営がこれだけは破られまいとした絶対国防圏も、いたるところで食いちぎられ、最後の防御線とするマリアナ諸島に、大機動部隊を盾に米軍が上陸してきたのは、その年の六月一五日である。

連合艦隊は残存の航空兵力のすべてをそそいで、最後の決戦を挑んだ。機動部隊を撃滅し、制空圏をとりもどした上で、上陸軍を海に追い落とす。これに成功すれば戦勢を逆転できる。六月一九日、日本艦隊の旗艦である空母大鳳《たいほう》の檣頭には、真珠湾以来のZ

旗がひるがえった。空母の隻を中心に、大和・武蔵《むさし》以下の水上部隊をあげてこれを支援し総計一五四隻の大艦隊。

それだけに日本艦隊の参加将兵はまなじりを決して出撃してきた。この一戦に敗れれば、もはやこの戦争に勝利はないのである。だが、なんと、その堂々たる輪形陣のなかに、不屈の雪風の姿を見出すことはできないとは……。

実は、そのほぼ一カ月前の五月一八日、雪風は訓練に熱が入りすぎて、珊瑚礁にのしあげ、推進器を損傷という事故を起していたのである。戦地にあるため乾ドックもなく正式の修理はできない。戦局は急迫している。やむなく乗組員が寝食を忘れて応急修理につとめたが、二五ノットをだせるまでになったことで精一杯だ。

しかしこれで戦闘行動は不可能である。駆逐艦の生命は三つのSといわれている。Strength（船体強度）、Stability（復原性能）、そしてSpeed（速力）である。その命綱ともいうべき速力が半減していては、もはや、獰猛な駆逐艦ではない。寺内艦長をはじめ乗組員は、天を仰いで歎いたが、どうすべくもなかった。

こうして運命を賭けた航空決戦での雪風は、はなはだぱっとしない役割をおせつかって出撃した。脚の遅い補給油漕船団の護衛。そしてはるか後方にあって戦闘の成りゆきを黙って眺めているほかはなかった。

決戦は惨とした日本海軍の敗北をもって終った。空母三隻のほか、一年がかりで養成した母艦部隊が壊滅、三九五機の飛行機を失って退却した。戦果は撃墜敵機三七。開戦以来これほどみじめな敗け方をした例はほかにない。

雪風にとっても、これほどみじめな戦闘参加はなかった。「こんなことなら沈んだ方がましだ」と寺内艦長は大いにぼやき続けたという。

生き甲斐も死に甲斐もあったレイテ沖海戦で、まさかの「もどれ」の命令が……

しかし「沈まなくてよかった」海戦が次の段階で、雪風を快く迎えてくれた。レイテ沖の殴りこみ作戦である。サイパン陥落後、米軍の攻撃の矢がフィリピンに向くことを予想し、その時期を一一月と大本営は判断した。そのときにあわせてすべての準備をととのえる。おかげで雪風は修理を完了し本来の姿に生き返った。そして予想より一カ月早く米軍のレイテ島上陸が敢行されたのである。

日本海軍は全艦隊の運命をこの一戦に賭けた。敵の進攻をとめようと、航空機の援護なき水上部隊を丸裸で決戦場へ送りこんだ。

雪風は、栗田健男《たけお》中将指揮の艦隊の一艦として、レイテ湾への殴りこみを下令されていた。一〇月二五日夜明け、窮余の策のおとり作戦が功を奏し、米大機動部隊がすべて北上、ぽっかり空所となった海面へ、栗田艦隊は思いもかけず躍り出た。そして眼前で上陸軍支援の軽空母部隊と遭遇したのである。

それは爽快な追撃戦であったという。

八時三分、旗艦大和から全軍に発信された。

「全軍突撃セヨ」

このとき、南西へ遁走をはかる米空母群の比較的近くにいたのが、軽巡矢矧《やはぎ》を旗艦とする第十戦隊の浦風、磯風、雪風の三駆逐艦である。かれらはとも綱をはなたれた悍馬のように一直線に進撃を開始した。速力三〇ノット。（浜風は損傷艦を護衛して前日泊地にもどっていた）

そのかれらの行く手に立ち塞がって、米駆逐艦群が果敢に応戦してきた。即座に第十戦隊は挑戦に応じた。一斉射、二斉射……。四方からインディアンの襲撃をうけた幌馬車さながらに、米駆逐艦一隻は砲弾の矢を浴びて叩きのめされた。続いてレーダー射撃で激しく突っかかってきた駆逐艦も、瞬時にして艦橋をふっとばされて立往生した。

第十戦隊は空母群をめざし、わき目もふらなかった。敵機の必死の攻撃をものともしなかった。雪風の戦士たちは、味方がどのように布陣され、戦闘がどのように展開しているのか、知ろうともしなかった。ただ、わが軍が勝っているぞという実感だけがひしひしと身にせまっていたという。はかなき抵抗をこころみた駆逐艦をノックアウトし、また、沈みかけている空母が手のとどきそうな海面でよろめきながら逃げている。これが久し振りの勝利でなくてなんであろう。

しかし、ついにマルス（軍神）は、かれらにほほ笑まなかったのである。こうして突撃すること一時間、九時一六分、はるか後方の旗艦大和から平文の電報が打ちこまれてきた。

「アツマレ、アツマレ……ワレ〇九〇〇ノ位置……」

浦風、磯風、雪風の三駆逐艦がこの追撃中止・集結命令をうけたのは、空母群まで距離一万メートル以内に踏みこみ、旗旒をなびかせて互いに通信し雷撃に移ろうとしていたときだった。それはスラバヤ沖海戦、第三次ソロモン海戦、そしてコロンバンガラ沖海戦に続く、これが四回目の魚雷発射になるはずであった。そこに生き甲斐も死に甲斐もあった。

だが、もどれという命令だ。全将兵が、一瞬、棒をのんだようになった。そして爆発した。

「何をいっているんだ。敵はすぐそこにいるんだ」

雪風の寺内艦長の怒りはもっとすさまじかった。

「集まるのはこっちだ、そっちじゃない。空母がそこにいるんだ。馬鹿野郎めッ！」

と大声で叫びながら、まなじりを決して艦橋からおりると、甲板上を艦首までかけぬけていった。ネジリ鉢巻に、ぴんとはねただるま髭。頭から湯気を出している。烈しく、野蛮ともいえる敢闘精神、それは雪風全将兵のものであった。

レイテ沖海戦は、このときに終った、といえる。大和を中心に輪形陣を組み直した栗田艦隊は、改めてレイテ湾口に向ったが、再び反転し作戦が中止されたことはよく知られている。本当に殴りこむ気があったのかどうか疑いたくなる。ともあれ勝機は永遠に去った。

寺内艦長の戦後の回想はこうである。

「あの海戦で俺が心配したのは燃料のことだけ。敵機が攻撃したときだけ〝越えるぞォ〟とやる。全速力を越える。ないスピードも出す。攻撃が終ったら、あとは中速ぐらいに落とす。そうして燃料を節約した。突入しないで帰るとき、各駆逐艦が燃料あといくらッて、電文で悲鳴をあげていたが、雪風は大丈夫。ほかのやつはコロン湾あたりで燃料を補給して帰ったが、雪風は東シナ海を通ってボルネオにつくまで補給なし」

驚くべき戦闘ぶりといえるだろう。こうして連続三日間の激闘を終えて泊地へ帰ったとき、ほとんどの艦が長い重油の尾をひいていたのに、無傷なのは雪風だけだったという。戦死なし。そして艦内には敗北感はおろか、勝利感だけがみち溢れていた。

沖縄特攻、連合艦隊の潰滅、そして、「雪風」は帰投した

矢矧を旗艦とする第十七駆逐隊の任務はこれで終了したわけではなかった。ボルネオの泊地も爆撃機の攻撃圏内に入ったため、レイテ沖海戦の残存戦艦（大和・長門《ながと》・金剛《こんごう》）の日本本土帰国を大本営は決し、その護衛を第十七駆逐隊に命じてきた。

その途中の台湾沖で、一一月一九日夜、折からの暴風雨のため米潜水艦の近接を発見できず、雷撃をうけて金剛と僚艦浦風を失った。

瀬戸内海帰着が一一月二五日。翌二六日、中破している長門を護衛して横須賀へ。紀州沖も、遠州灘も、相模湾もすでに米潜水艦の待機戦場となっている。ほとんど不寝番の見張が続けられたことだろう。二七日無事に入港。

そして翌二八日、超大空母信濃《しなの》を横須賀へ回航するための護衛任務が、またしても第十七駆逐隊に下令されたのである。不眠不休という形容では足らぬほどの頑張りというほかはない。

しかしいかに歴戦であろうと、三隻の駆逐艦で護りぬくには、あまりに米潜水艦の網がびっしりはられていた。二九日午前三時、信濃は四本の魚雷をその右舷中央にうけた。超大艦は魚雷の四、五本は平気と信じられて、事実、なんらの支障もなくそのまま航行を続けていた。だが、何ぞ知らん、信濃の乗組員は六割までが初めて海に出たという素人の集団だったのである。平衡注水と排水の応急対策が後手後手と回ってしまった。

午前一〇時五五分、潮岬沖で、信濃は横転沈没した。

初めて海へ出た途端に沈む大艦と、戦闘につぐ戦闘で生きぬいてきた三駆逐艦、これが戦争の皮肉でなくてなんであろう。またしても雪風らは海上に泳ぐ乗組員の救助に全力を傾けねばならないのだ。一体、開戦以来何百名の将兵を救い上げたことになるのだろう。

明くる昭和二〇年は特攻のときである。レイテ沖海戦で水上兵力を失ったいま、米軍のレイテ上陸直後にはじまった飛行機による体当り攻撃だけが、唯一の戦法になっていた。ひとたび決定された以上、あとは作戦でもなんでもなく、首脳部は無感覚に、いわば事務と化していった。

わずかに残った水上部隊も、油が不足でほとんど作戦行動は不能となり、空しく爆撃をうけて泊地にそのまま擱座するものが多くなった。雪風もしばしば空襲をうけたが、猛烈な抵抗を示すことでこれを退け、いぜんとして戦闘旗を檣上にへんぽんとしてひるがえしていた。

こうした状況下に、米軍の沖縄上陸を機として水上特攻作戦がもち上がったのである。無駄死とはわかっていた、しかし、連合艦隊の栄光のために、である。

四月六日午後三時すぎ、桜花らんまんたる日本内地を後に、特攻部隊は豊後水道を一路南下した。亡き数にいる最後の艦隊のなかに、第十七駆逐隊三隻の駆逐艦はすべて加わっている。

雪風を除く各駆逐艦の第一煙突には、菊水のマークが描かれていた。楠正成の湊川出陣の故事にならい、生きて再び還らぬとの誓いを意味するのであろう。雪風でも、航海

沖縄特攻で出撃、米海軍から空襲される日本海軍の軽巡洋艦（写真は「矢矧」）
出所：80-G-316084（U.S. National Archives）courtesy of the Naval History & Heritage Command

科のものが出撃前夜に同じようにマークを描こうとしたが、それと知った寺内艦長が怒鳴ってやめさせせた。

「馬鹿野郎、俺たちはやるだけのことはやるんだ。マークなんかいらん」

また、肉親や友人への最後の手紙も、髪や爪を切って残すことも、雪風だけは、艦長命令ですべて禁じた。最後の最後になっても、諦めないことだ。ねばってねばってねばりぬく、その闘魂だけが、おのれを救う、それが雪風の艦風ではなかったか。死ぬ覚悟など、はじめから闘志を失っていることなのだ。

大和隊は、四月七日午後、潰滅した。僚艦磯風も浜風も沈んだ。矢矧も沈んだ。開戦前に、舳をそろえて勢揃いした新鋭艦のうち、雪風だけが残った。戦いの後の救助作業もおわり、佐世保へ帰投の道をいそぐ雪風の艦橋には、戦死者三名をだし、はじめてやや悄然としている艦長の後姿が眺められた、という。

「消耗品に甘んずるような人間がいれば、敗けたってなんだって、日本は大丈夫なんだよ」

雪風は八月一五日を宮津湾で迎えた。五月一〇日、寺内艦長とかわった古要桂次中佐は、不沈の雪風の最後を全うした。もはや洋上に出撃の機会もなく、敵は上空のB29と、機動部隊の艦上機のみ。空襲につぐ空襲をうけつつ、回避しつつも厳しく応戦を続けた。

多くの艦が損傷し運動の自由を失うなかで雪風は、美しい天の橋立の風光を背に、背骨をしゃんとさせて敗戦の夏を生きぬいていた。戦いぬくこと四年、戦死者八名を出したものの、乗組員に敗北感はない。

戦い終った後も、雪風が復員輸送のため長く活動し、南方帰りの多くの将兵は、世話になった記憶をいまも抱いている。昭和二二年七月に戦利品として中国（中華民国）に引き渡されたことは、すでに知られている。そして名を丹陽とかえ、長く台湾海峡の護りについていたが、昭和四四年ついに台風で破損、解体されてしまったという。艦齢三〇歳はよくぞ生きぬいたといえようか。

いま、わずかに中国から返還されてきた舵輪と錨のみが江田島に飾られ、雪風の記念として残されているという。日本海海戦の完勝は記念として戦艦三笠《みかさ》を残した。それにならって太平洋戦争の記念艦に雪風を、という声も一時国内で大きくなったが、愚劣で悲惨な敗戦に何の記念かと、雪風そのものが拒否したと思えてならない。

錨と舵輪だけとはまことにさっぱりとしていい。「スマートで目先が利いて几帳面、負けじ魂、これぞ船乗り」。雪風は真の船乗りらしくそれを自ら示したのだろう。そして、四人の元艦長の座談会の結論に、大海原の底から静かな拍手を送ってきている、と私は信じたい。

飛田　生き残ったから雪風は世界一の幸運な艦として、栄光を一身にになうことになる。ところがね、人間は生き残ったやつはロクなやつがいない。昭和の悲劇というのは、本当に日本を思った人たちが、みんな死んじまったことだと思っている。負けたのは悲劇でもなんでもない。

寺内　たしかに気のきいた男はみんな死んじゃったな。

飛田　生きているやつはみんな能なし。……われわれは生き残って、こうして呑んでいる。まったくの話が、駆逐艦乗りというやつは、飲んだくれで、ハシにも棒にもかからないんだ。

寺内　そりゃまあ、われわれは消耗品扱いで、いままで生きてきたんだから、しかしネ、消耗品というやつも必要なんだ。私は消耗品に甘んじている。そうでなけりゃいかん。雪風がその代表なんだ。消耗品に甘んずるような人間がいれば、敗けたっ

戦後(1947年)の「雪風」の姿
出所:SC 286588 courtesy of the Naval History & Heritage Command

てなんだって、日本は大丈夫なんだよ。

〔参考文献〕
伊藤正徳『連合艦隊の栄光』(文藝春秋新社、角川文庫)
永富映次郎『駆逐艦雪風』(出版協同社)
堀元美『駆逐艦』(原書房)
『文藝春秋』臨時増刊「太平洋戦争・日本軍艦戦記」

編集部より刊行によせて ～半藤先生を偲んで～

「ＰＨＰ研究所で単行本の編集をしている大久保と申します。半藤一利先生をお願いいたします」

（本当にこんな電話してもいいのかなあ？）と思いながら文藝春秋の代表番号を呼び出したのは、一九八九年の、恐らく夏になる前だった。

東京裁判をテーマに形ばかりの卒論を書いて、大学の文学部を卒業し、読んだこともないビジネス書の出版部に配属されて二年ほどの私は、期待されたようには伸びず、まだ「自前の企画」でメシが食えていなかった。

時事評論や経済評論の本が売れていた。バブル絶頂期で、「日本はこんなにすごい」という論調だった。それらは、「アメリカは衰退し、日本の時代が来る」と予測していたのだが、私には、（それは無理ではないのかなあ）という反感みたいなものがあって、積極的になれなかった。辛うじて、仕事の悩みを癒す類のビジネス人生論でお茶を濁し、何とか毎月の企画会議をやり過ごしていた。新卒で出版部に配属になった時の喜びや希望は、既に、「そろそろ出版部から見切られるかもしれない」という不安に変わっていた。

そんな実績も自信も無い男が、あろうことか大出版社の重役に、拙い企画を吹っ掛けようというのである。いざ電話という段で戸惑っていたら、「大久保、早くしろよ！」と上司に叱咤され、仕方なく、意を決してのダイヤルだったのである。

ビジネス書がやりたくなくて、翌年の大河ドラマ『翔ぶが如く』に便乗する「歴史人物伝シリーズ」をでっちあげた。その依頼だったのだ。

「はいはい半藤ですが、何ですか？」

ガラガラ声のぶっきらぼうなおじさんが出た。（うわー、やっぱりまずいなー）と思う。

「私は、ＰＨＰ研究所の出版部の者です。先生の雑誌の記事を読んで、ぜひ一度お目にかかれればと思いまして」

「ほう、私に何か原稿でも書けと言うんですか？」

「はい、実はそうなんです……」

「ガハハハハ！」

「あの、すみません」

「謝ることはないじゃないかよ。あんたの会社はウチのすぐ近くだよねえ」

「はい、そうです」

「今日は暇だから、今から来れるなら来なさいよ、話を聞いてみるよ」

当時、弊社は千代田区三番町にあり、麴町に巨艦のような漆黒の自社ビルを構える文藝春秋までは、歩いて一〇分ほどのところにあった。それも幸いしたのかもしれない。ともあれ、受話器を置いてから三〇分後くらいには、私は半藤さんと、文春一階のサロンで向かい合っていたのである。

幕末維新期の人物の生涯を、五〇話のトピックで描くという構成は気に入っていただいたのだが……。

「おい、幕末維新の群像って言ったたって、龍馬とか西郷とか売れそうな奴らの書き手はもう全部決まっちゃってるじゃないかよ。あとは誰が売れそうなんだ？」

「そうですねえ……もう一人の主役の大久保利通とか……」

「大久保なんて売れねえよ。悪役じゃねえか。大久保はなあ、この文春の裏あたりで暗殺されたんだぞ」

「えっ、そうなんですか？」

「そうさ。『紀尾井坂の変』って言うんだ。お前、昭和史は少し読んだって言ったが、幕末はよく知らねえな。まあいい。売れないついでに山県を書くよ」

「あ、ありがとうございます！　山県有朋がお好きなんですか？」

「いや、嫌いだ」

「へっ？」

「嫌いでも興味があるんだからいいじゃないか」

という、これまた、（いいのかなあ？）という情況ではあった。

これが、半藤さんとの三〇年以上にわたるお付き合いの始まりである。『山県有朋』は三カ月ほどで書き下ろしていただき、出来上がった原稿を読んでみたら、なぜ山県を書きたかったのかがきちんと説明してあった。一九九〇年の三月に発刊できた。

今回のこの『昭和史の明暗』に収録された五編の太平洋戦争期の論考は、半藤さんがその頃、ビジネスの知恵を歴史に学ぶ趣向の雑誌特集に、頻繁に執筆していた作品群である。PHP文庫で担当をしていた後輩の根本騎兄君が、半藤さんの生前に企画化を前提に預かっていたものだ（その中から、第一弾として『太平洋戦争・提督たちの決断』を今夏に当社から発刊できた）。

半藤さんは、役員になって、現場からは一歩引いたから時間があったらしい。仕事好きな人が仕事に追われず、手持無沙汰だったのかもしれない。

そんな隙間に飛びこめて、私は幸運だった。その後、新たな企画の相談や、原稿の督促と称してしばしばお話をうかがいに行き、広々とした文春のサロンで美味しいコーヒーをご馳走になった。見渡せば同じ部屋の対角に、当時の流行作家たちが来ていたりして、耳だけでなく目にも楽しいひとときであった。

「上司に坂口安吾の原稿を貰って来いと言われて桐生まで行ったらなあ、一枚も出来てねえんだよ。安吾さんは、書くから待ってろというから仕方ないと思ってそうしたら、一週間居続けよ。晩飯で酒飲んだ後、映画に連れていかれてよ、同じのを毎日見るのよ。それで、毎回同じところででかい声で笑うんだ」

「司馬遼太郎さんは食い物には興味が無くてよ、普段でも魚なんかは食ったのを見たことがない。取材で行く旅先でも、司馬さんだけは名物なんか食わずに、いつもチャーハンとかカレーライスよ」

「松本清張さんの家は、俺の家の近くでよ、口のうまい古美術商が来ると清張さん必ず買わされちまうから、すぐ来てくれって奥さんが俺に電話してくるのよ」

こんな話を聞きながら、夕方になり居酒屋に流れたことも何度もあった。

後のことだが、半藤さんから、「杉森久英先生の俳句会のメンバーになって、先生の送り迎えをする」役に任命されて、毎月お題に従って十句、ひーひー言いながらひねり出していた時期もある。

その句会での半藤さんの一句を、この原稿を書きながら思い出した。まるで私に、一点入れろよなと言わんばかりの作品だが、私には忘れがたいものとなっている。掲げて、これを終わりたいと思う。

安吾先生 微醺《びくん》桐《き》生《りゅう》の五月闇《さつきやみ》

二〇二三年一一月

PHP研究所（大久保龍也）

PHP新書
PHP INTERFACE
https://www.php.co.jp/

半藤一利［はんどう・かずとし］

1930年、東京生まれ。東京大学文学部卒業後、文藝春秋入社。「漫画読本」「週刊文春」「文藝春秋」編集長、専務取締役などを経て、作家。『遠い島 ガダルカナル〈新装版〉』『レイテ沖海戦〈新装版〉』（以上、PHP 文庫）等、多数の著書がある。1993年、『漱石先生ぞな、もし』で第12回新田次郎文学賞、1998年刊の『ノモンハンの夏』で第7回山本七平賞、2006年、『昭和史1926-1945』『昭和史 戦後篇 1945-1989』で第60回毎日出版文化賞特別賞、2015年には菊池寛賞を受賞。2021年1月逝去。

昭和史の明暗
PHP新書 1379

二〇二三年十二月二十八日 第一版第一刷

著者――半藤一利
発行者――永田貴之
発行所――株式会社PHP研究所
東京本部――〒135-8137 江東区豊洲5-6-52
ビジネス・教養出版部 ☎03-3520-9615（編集）
普及部 ☎03-3520-9630（販売）
京都本部――〒601-8411 京都市南区西九条北ノ内町11
組版――宇梶勇気
装幀者――芦澤泰偉＋明石すみれ
印刷所
製本所――大日本印刷株式会社

ISBN978-4-569-85626-1

PHP新書刊行にあたって

「繁栄を通じて平和と幸福を」（PEACE and HAPPINESS through PROSPERITY）の願いのもと、PHP研究所が創設されて今年で五十周年を迎えます。その歩みは、日本人が先の戦争を乗り越え、並々ならぬ努力を続けて、今日の繁栄を築き上げてきた軌跡に重なります。

しかし、平和で豊かな生活を手にした現在、多くの日本人は、自分が何のために生きているのか、どのように生きていきたいのかを、見失いつつあるように思われます。そして、その間にも、日本国内や世界のみならず地球規模での大きな変化が日々生起し、解決すべき問題となって私たちのもとに押し寄せてきます。

このような時代に人生の確かな価値を見出し、生きる喜びに満ちあふれた社会を実現するために、いま何が求められているのでしょうか。それは、先達が培ってきた知恵を紡ぎ直すこと、その上で自分たち一人一人がおかれた現実と進むべき未来について丹念に考えていくこと以外にはありません。

その営みは、単なる知識に終わらない深い思索へ、そしてよく生きるための哲学への旅でもあります。弊所が創設五十周年を迎えましたのを機に、PHP新書を創刊し、この新たな旅を読者と共に歩んでいきたいと思っています。多くの読者の共感と支援を心よりお願いいたします。

一九九六年十月

PHP研究所